融媒体时代网络舆论生态研究

薛海玲 著

北京出版集团

北京出版社

图书在版编目（CIP）数据

融媒体时代网络舆论生态研究 / 薛海玲著. — 北京：
北京出版社，2023.10
ISBN 978-7-200-17865-4

Ⅰ．①融⋯ Ⅱ．①薛⋯ Ⅲ．①互联网络—舆论—研究
—中国 Ⅳ．① G219.2

中国国家版本馆 CIP 数据核字（2023）第 043048 号

融媒体时代网络舆论生态研究
RONGMEITI SHIDAI WANGLUO YULUN SHENGTAI YANJIU
薛海玲　著

出　　版　北京出版集团
　　　　　北京出版社
地　　址　北京北三环中路 6 号
邮　　编　100120
网　　址　www.bph.com.cn
发　　行　北京出版集团
印　　刷　三河市中晟雅豪印务有限公司
经　　销　新华书店
开　　本　710 毫米 × 1000 毫米　1/16
印　　张　11
字　　数　147 千字
版　　次　2023 年 10 月第 1 版
印　　次　2023 年 10 月第 1 次印刷
书　　号　ISBN 978-7-200-17865-4
定　　价　59.80 元

如有印装质量问题，由本社负责调换
质量监督电话　010-58572393

序

　　"宝剑锋从磨砺出,梅花香自苦寒来"。恰似十年一剑、历寒梅花,《融媒体时代网络舆论生态研究》一书经沉思良久,尽心力而著成,很快就要与读者见面了。这是一部顺应融媒体时代快速发展潮流、积极回应宣传教育领域面临的重大现实挑战、系统研究网络舆论生态建设的学术著作。该成果的问世,在社会舆论生态研究领域具有重要意义,必将对推动新时代网络舆论生态建设,打好融媒体条件下意识形态斗争主动仗,产生积极而重要的影响。

　　当今时代,新闻舆论特别是网络舆论生态建设,事关意识形态工作全局,事关党和国家前途命运。有鉴于此,习近平总书记早在2013年11月就深刻指出,面对传播快、影响大、覆盖广、社会动员能力强的微博、微信等社交网络和即时通信工具用户的快速增长,如何加强网络舆论引导,确保网络信息传播秩序和国家安全、社会稳定,已经成为摆在我们面前的现实突出问题,并进一步强调,要适应媒体融合发展趋势,遵循新兴媒体发展和网络舆论传播规律,强化互联网思维,构建形成立体多样、融合发展的现代传播体系。这一重大战略思想,高瞻远瞩、洞悉大势,为新时代加强宣传思想工作特别是舆论生态建设提供了根本遵循原则。《融媒体时代网络舆论生态研究》一书,作为薛海玲同志先期课题研究,正是在这样一个背景下、基于学习贯彻习近平总书记重要论述而动意立题的。此后，她跟踪融媒体时代快速发展，适应舆论传播、引导、治理格局重塑要求，探索网络舆论传播机理和舆论生态建设特点规律，进而寻求应变之策，经多年研究，终于形成了完整的理论体系。从这个意义上说，《融媒体时代网络舆论生态研究》成书出版，体现了作者见事尚早、触角敏锐和锲而不舍、执着追求的思维品格和学术精神。

《融媒体时代网络舆论生态研究》是一部全面系统研究网络舆论生态问题的学术专著。该成果坚持辩证唯物主义和历史唯物主义根本观点和方法，创造性运用生态学和舆论传播学基本原理，分析和回答了网络舆论生态建设有关问题，突出问题导向、注重应用效应，使成果充分体现了"学以致用"的鲜明导向。在研究内容上，该成果抓住网络舆论生态内在结构、环境因素、传播平台、运行机制等主要环节，全面系统地分析了其现状及问题成因。在此基础上，该成果从网络舆论信息生产者、传播者、消费者、分解者，以及技术硬环境、人文软环境等各要素各方面的密切关联和相互影响中进行深入分析，并结合典型案例，探索研究网络舆论生态系统演化发展的内在机理，从而提出了颇有价值且具有可操作性的应对策略。总之，《融媒体时代网络舆论生态研究》一书，主题重大而新颖、逻辑严谨、思路清晰、分析缜密，文笔流畅通达，是一部时代印记鲜明、体系结构完整、思想性理论性较强和富有实践应用价值的研究成果。

愿薛海玲同志在政治理论学术研究道路上，一如既往、行稳致远！

杨洪江

中国人民解放军陆军指挥学院专业技术少将，教授、博士生导师

作者简介

　　薛海玲，军队政治工作学博士，国防大学政治学院副教授，硕士研究生导师，长期在军队院校从事教学与科研工作。在《新华文摘》《中国军队政治工作》《战略研究》等期刊发表论文50余篇，出版专著1部，参编教材2部。参研国家社科基金重大项目课题2项，主持全军研究课题1项。获政治学院优秀党员、优秀教员荣誉称号，享受中青年教员优秀人才岗位津贴。

内容简介

人们的意见和态度不是凭空产生的，网络舆论生态的形成是现实社会人文环境的反映，无论其作用积极与否，网络舆论的形成和最终走向都与现实社会的发展走向和内在矛盾有着直接联系。当前我国处于社会转型期，社会的剧烈变迁引发人们心理层面的焦虑和价值观的嬗变。社会转型期个体与权力部门形成的博弈新格局、民众社会心态的"失衡"与规正、主流文化对人文精神"空场"的担当引领，都一定程度上影响着主流价值观念的价值地位。本书从网络舆论生态的概念出发，研究影响网络舆论生态形成的环境因素和内部要素，分析网络舆论生态的运行机理，梳理网络舆论生态面临的现实问题，探讨构建和谐有序网络舆论生态的原则和措施。

首先，从网络舆论生态的基本内涵出发，对舆论、网络舆论、网络舆论生态进行阶梯式界定，强化对网络舆论生态的认知；通过对马克思主义人学理论、系统论基本原理、新闻传播学理论的阐述，为本书深入探讨提供启发和理论支撑。

其次，从技术、政治、媒介、社会人文四个方面对网络舆论生态形成的环境因素进行分析。然后对网络舆论生态的内部要素展开解构，分析网络舆论客体资源分布、主体属性结构、影响力结构、心理要素等，使网络舆论生态的外部环境和内部要素全貌呈现。再通过具体案例分析网络舆论生态的运行机理，总结舆论传播中的经验教训，认识规律，找准信息传播关键节点。

最后，在梳理总结网络舆论生态面临的现实问题基础上，提出建设网络舆论生态的目标和措施。网络舆论生态建设以舆论引导、治理、应对三个层面为基础，基本目标就是全面审视新情况、新挑战，以敏锐视觉发现并利用社会转型期出现的积极向上的精神元素，以创新精神推进我国主流意识形态建设。

目 录

第一章　导论

本章从"舆论"的起源出发，阐明互联网舆论生态的研究背景和研究价值，通过总结国内外有关网络舆论研究成果，了解其学术研究概况，为研究的深入开展提供框架和铺垫。

一、问题的缘起

随着网络社会的迅速发展，互联网正在成为思想文化的集散地和社会舆论的放大器，正改写着舆论引导、舆论宣传新格局。网络新媒体爆发式增长，使原本就复杂多变的网络舆论生态越发喧嚣，"众声喧哗"成为更加突出的社会舆论现象。一些事件、观点在新媒体上迅速传播升温并引起全社会关注，新媒体正以不可阻挡之势改变着网络舆论生态，重塑着人们的工作、学习、娱乐与思维方式。如何在新媒体环境下理性认识"众声喧哗"的网络舆论生态现状，如何解码网络舆论的运行规律，如何探寻网络生态良治之道，在众声喧哗中谋求共识，构建和谐网络环境，这些都是十分敏感的话题，也是我们面临的巨大挑战。

二、研究背景

在中国古代，"舆"字本意指车厢，演绎为车。《说文解字》中说："舆，车舆也。""舆人"原指造车匠，后指与车有关的车夫、差役、随车士卒等下层普通民众，又逐渐演变为对普通百姓的泛称。《左传·僖公二十八年》《晋书·王沈传》中分别有"舆人之谋""舆人之诵""舆人之论"等词汇，其中"舆人"即指众人。[1]

"舆论"作为一个词组，最早见于《三国志·魏·王朗传》"设其傲狠，殊无入志，惧彼舆论之未畅者，并怀伊邑"，其中"舆论"泛指众人的看法。舆论的重要性也早已被历代先贤所认识，"防民之口，甚于防川"[2]"川不可防，言不可弭；下塞上聋，邦其倾矣"[3]，这些古训，

---

① 唐涛：《网络舆情治理研究》，上海社会科学出版社 2014 年版，第 7 页。
② 韩铁铮、石延博：《国语》（经典珍藏版），中国和平出版社 2005 年版，第 5 页。
③ 曹顺庆：《中华文化》，复旦大学出版社 2006 年版，第 174 页。

形象地说明对百姓的言论，应加以正确引导而非堵塞，否则将比川洪溃堤造成的危害还严重，甚至会危及国家安全。

"舆论"一词虽然在中国出现得相对较早，但是被完整地赋予现代含义并加以解释和运用却在西方。卢梭在《社会契约论》中首次用"舆论"将"公众"和"意见"两个词结合起来，并认为舆论即公意，公意是公众意见的最大公约数。①伏尔泰形象地称公众的意见是世界之王，因此"舆论"是世界之王。马克思不仅看到了舆论的重要性，而且还充分认识到当时的纸质媒介报刊对舆论的影响，他认为报刊是对人民的文化和精神教育的强大杠杆，报刊的意义是"经常而深刻地影响舆论"。②

舆论作为一种社会意识形态，是一定社会存在的反映。舆论一经形成和传播，就能成为一种强大的精神力量。

当今时代，随着信息传播技术的不断发展，网络舆论成为社会舆论的主要表现形态。目前，网络舆论在我国社会生活中影响日益增强，网络作为一种传播手段和传播平台的载体，已经成为社会舆论不可替代的重要传播渠道。第 47 次《中国互联网络发展状况统计报告》显示，截至 2020 年 12 月，我国网民规模为 9.89 亿，互联网普及率达 70.4%，较 2020 年 3 月提升 5.9%，高于全球平均水平，中国网民规模已占全球网民的五分之一。其中手机网民规模达 9.86 亿，较 2020 年 3 月增长 8885 万，网民使用手机上网的比例达 99.7%，较 2020 年 3 月提升 0.4%。③智能手机的普及应用，加速了全民上网的步伐，使手机发展成为与民众生活息息相关的重要网络工具。网络新媒体的强势发展，正在塑造和形成

① ［法］卢梭：《社会契约论》，商务印书馆 2003 年版，第 36 页。
② 《马克思恩格斯全集》（第 40 卷），人民出版社 1972 年版，第 329 页。
③ 中国互联网络信息中心：第 47 次《中国互联网络发展状况统计报告》。http://www.cac.gov.cn/2021−02/03/c_1613923423079314.htm。

一个全新数字化、信息化的网络社会，由此迅速地改变着人们的生活方式、行为方式、思考方式、价值认同，进一步导致社会整体舆论环境以及舆论格局的巨大变革。与传统舆论形态相比，网络舆论的主体不再局限于传统的报刊电视，开始向"人人都有麦克风"的新媒体延伸；传播形式不再局限于"你听我说"，开始向平等"交流互动"转变；功能作用不再局限于"宣传教育"，开始向"畅通民主、加强监督"等多元功能拓展。网络的自主性、开放性、交互性、匿名性的特点，为网络虚拟社会的发展带来了网络自由的急剧扩张，网络已日益成为舆论传播集散地、舆论生成策源地、舆论交锋主阵地。面对网络舆论新情况，如何积极有效地引导网络舆论，扩大主流媒体的影响力和公信力，占领网络舆论主阵地，成为每一名思想政治教育者的重要使命。

三、研究价值

互联网是意识形态斗争的主阵地。习近平总书记对网上意识形态斗争高度重视，他用"最大变量"来形容网上意识形态斗争的严峻性。针对网络用户数量井喷式增长，他进一步指出，宣传思想工作的对象是人，人在哪儿重点就在哪儿。面对网络虚拟社会的舆论乱象，建设和谐有序的网络舆论生态成为现实迫切需求。网络虚拟社会舆论乱象困扰网络舆论价值。网络在加速信息流动，丰富公众表达，满足网民高度自由的背后，也带来了表达情绪化、信息碎片化、虚假信息泛滥、价值信念混乱、舆论管理不易等问题，暴露出燃点低、噪声大、可信度差等负面特点。当前，客观上存在着"两个舆论场"①，一个是党报、国家电视台、国家通讯

---

① "两个舆论场"由新华社原总编辑南振中首先提出。它描述的是以主流媒体为代表的"官方舆论场"所欲营造的意见环境，与草根民意"民间舆论场"经常相互冲突，甚至分歧巨大，形成两种不同意见的声音。

社及其网站和三微平台构成的"主流媒体舆论场",以宣传党和国家的方针政策,传播主流文化和社会核心价值为己任;一个是依托于网络的"民间舆论场",人们在网络论坛、微博、微信、QQ等平台上议论时事,针砭社会,表达诉求或发泄不满。由于网络空间的匿名性、网络自由的失控性、海量信息的复杂性、意见观点的多元性,使现实人格与网络人格形成某种程度反差,网络舆论是否代表真实民意,有时让人难以做出准确判断,这就降低了网络舆论的参考决策价值。伴随着公众话语权的最大程度释放和监管缺失,网络空间众声喧哗、肆意表达,"网络推手""网络炒家""网络水军"等制造的网络话题波诡云谲,舆论引导和社会管理难度陡然增加。网络舆论乱象的肆意发展,必将导致网络舆论生态的整体恶化,导致社会阶层分裂对峙,政府、军队公信力严重受损,最终会导致党的执政基础被腐蚀削弱。

网络负面舆论的形成,离不开整个社会舆论生态的大背景,反映出空前复杂的网络舆论生态现状。由于传统的舆论引导和治理的观念、方法缺乏时效性和针对性,需要从整个网络舆论形成的外部环境、内部要素、形成机理等生态系统要素中总结规律,探讨构建和谐有序的网络舆论生态的原则和措施,才能对现阶段网络舆论传播特性有更加清晰的认识,才能更加有效地增强对网络舆论的掌控能力,打好意识形态主动仗。因此,对网络舆论生态进行系统研究,具有强烈的现实意义。

本书的创新点在于,形成了网络舆论生态的系统性研究。本书从网络舆论和网络舆论生态的基本概念界定出发,阐述了形成网络舆论生态的环境因素、内部构成要素、传播平台、运行机理,梳理出网络舆论生态的现状及面临的问题,在现实问题的基础上提出解决问题的系列原则和措施,从而形成了完整的网络舆论生态的系统性研究。

第二章 互联网舆论生态的基本内涵及理论基础

　　本章对网络舆论生态的基本内涵和理论基础进行了较为详细的分析，在舆论及相关概念的认识生成中，重点对网络舆论生态的基本内涵、构成要素和特点进行梳理和分析。在定义概念的基础上对网络舆论生态研究的理论基础，包括马克思主义人学理论、思想政治教育学理论、系统论基本原理、新闻传播学理论进行简要阐述。

一、网络舆论生态及相关概念

（一）舆论

1. 舆论的定义

舆论是公众对其所栖身的现实社会以及社会中的各种具体现象、问题所表达的情绪、态度、意见和信念的总和，具有相对的一致性、强烈程度和持续性，对社会发展及有关事态的进程产生影响，其中混杂着理智和非理智的成分。[①]

舆论是社会关注的焦点，是社会争论和政府决策的重要依据。现代社会中，社会生活日益复杂，舆论本身包含着社会公众整体态度的假设，无论是政府等社会公共权力机构、社会精英还是普通民众，都试图通过舆论来判断自身所处的社会环境和自身行为的合理性，因而它是社会问题的"风向标"。由于舆论能够起到无形的思想道德约束和行为举止动员作用，并能够从言语层次上升到行为层次，会直接影响到社会生活和政策制度的制定与执行。所以，舆论已经成为各种社会力量博弈的对象，营造舆论已经成为当代社会重要的社会活动。

2. 舆论的基本构成要素

舆论包括舆论主体、舆论客体、舆论载体等。

舆论主体是公众，是对具体的社会现象和问题有相近看法的人群，他们是舆论活动的发起者、传播者与接收者。舆论主体是舆论形成过程中最活跃的因素，受到舆论主体的主观影响，具有一定的局限性和对同

[①] 陈力丹：《舆论学：舆论导向研究》，中国广播电视出版社1999年版，第11页。

一客体态度的多样性。任何外露的情绪表达都反映出一定的态度，而态度是由人们头脑里已经存在的关于客观现实世界的固有信念决定的，也就是说舆论主体的判断总是建立在其既定的信念基础上的，即人们已经有意无意积累了具有稳定性的判断事物的标准。有什么样的信念，就有什么样的态度，就能反映出什么样的意见诉求和情绪。信念不同，产生的判断就不同，人们的信念体系存在着个体的差异，这就导致同一件事情会引发许多不同的看法，而且即使同一个人对同一件事情的态度还可能随着时间、事件的发展变化而变化。因此，在舆论引导和治理中，"信念"是理解舆论主体的真正钥匙。

舆论客体是公众所关注的对象，它没有特定指向，任何事情都有可能引发公众兴趣，在不经意间或者被刻意卷入舆论旋涡中，成为整个社会的关注焦点。尤其是在网络社会中，自媒体时代的来临更加使舆论客体涉及人们生活的方方面面。

舆论载体是指舆论传播的工具和手段。价值判断和观点只有通过一定范围的传播，才能逐渐形成共同的意见，才会以舆论的形态出现。因此，传播是舆论形成的要素，而且舆论的影响力与传播手段息息相关。目前，报纸、电视、广播、人际传播等传统媒体的传播力和影响力，正受到日新月异的网络新媒体的挑战。一些学者已将互联网中一些传统的门户网站也列为传统媒体，将完全互动形式的"三微一端"即微博、微信、微视频和各种客户终端，定义为新媒体，足可见网络时代技术催生舆论载体的快速演变。

3. 舆论的基本特性和表现形式

舆论的基本特性可概括为质量性、功能性、持续性。

舆论的质量性是指舆论的理智程度。舆论是舆论主体情绪和价值观的表达，带有较强的盲目性和自发性，即使形成表面上的相同或相近的意见，但进一步考察舆论主体的信念层次，也会发现其中很大的差异，因而舆论同时含有理智和非理智的成分。各种现实和历史的政治制度、经济制度、文化环境、自身利益都会影响到舆论的理智程度。

舆论的功能性表现为舆论能够直接或间接、明显或隐蔽地影响着舆论主体。舆论之所以成为舆论是因为它总是以赞成或谴责、拥护或反对、喜欢或厌恶等态度，对现实生活中某一种事件形成一种共同的价值认同。如果说一种舆论没有对主体产生任何影响，那么它只能是一种无足轻重的议论，而不是舆论。舆论的功能表现是自在的，每个人都会既清晰又模糊地意识到被许多无形的观念包围，被约束着行为，并以此为参照，判断自身行为的合理性。但是舆论的治理和引导是人为的，为了促成某种观点的形成、传播和影响，就有各种舆论传播力量展开制造舆论的各种行动。因此，调查现实的各种舆论对主体的影响以及影响的程度，是做好舆论生态引导和治理的前提之一。

舆论的持续性又称韧性，就是客体所体现的价值观念与主体差距较大，即"问题没有解决"，舆论就不会消失；即使有新的刺激物暂时转移，一旦类似原有的问题再现，还会再次形成相近的舆论。舆论这种持续性或韧性，对舆论引导和控制提出了要求。一般来说，某种内在态度处于极点时就需要加以疏导和控制，进行舆论分流，避免过度舆论趋同，带来舆论震荡，以便使事件甚至整个社会处于稳定状态。

舆论的表现形式分三种：言语形式的表达，构成显舆论；情绪形式的表达，构成潜舆论；规模行为的表达，构成行为舆论。这里需要特别说明的是，目前学术界在界定舆论概念和表现形式时经常会使用"舆情"这一提法，而且有相当一部分资料是以舆情为研究对象的。在这种语境下，舆论被定义为公开发表的言论，而舆情则是各种公开的舆论以及非公开的情绪、态度和意见的总和。作者认为舆情的内涵比舆论更宽①。而本书使用的舆论概念，主要包括显舆论、潜舆论和行为舆论，将不提及舆情这一概念，也不讨论舆论与舆情的关系，以避免造成概念上的模糊和混淆。

（二）网络舆论

1. 网络舆论的定义

网络舆论是借助于网络而传播的舆论，它与传统舆论本质上具有共同点，两者都是源于现实事件和社会思潮，都是公众对公共事务和现实生活问题的情绪、态度、意见和信念的总和。网络舆论是人们将表达和传播舆论的场所搬到了互联网上。网络使信息传播方式发生了前所未有的变革，最大限度融合了之前媒体的功能，并且在信息获取、传播速度和自主性上具有传统媒体不可比拟的优越性。信息时代，网络已经成为舆论产生、传播、消解的主阵地，成为社会公众感触舆论、引导舆论、制造舆论的重要平台。

2. 网络舆论的基本特征

由于网络具有开放性、虚拟性、交互性和时效性等特点，这使得网络舆论具有不同于传统舆论的特征。

一是网络舆论传播具有多维互动性。在融媒体生态下，信息传播改变了传统主流媒介单向传播的局限性，在网络虚拟空间，网民有了信息的接近权、使用权，可以借助于网络媒体进行及时便捷的言论发布，实现了网民间的信息链接，推动讨论话题升级和舆论的扩散；在舆论载体之间，面对现今多重媒介生态系统并存的传播时代，传统主流媒体与网

---

① 唐涛：《网络舆情治理研究》，上海社会科学出版社2014年版，第9页。

络媒体除了竞争关系之外，还有着相互依存的互动关系，网络媒体依托其丰富的信息源为传统主流媒体提供素材，而传统主流媒体依托其强大的权威性扩大了网络媒体的现实影响力。

二是网络传播主体具有参与积极性。网络是社会公众展现自己的平台，网民能够借助于网络实现其最大限度的话语权。伴随着网络舆论在社会管理和决策中影响力的增强，导致了网民参与积极性的进一步提高。但同时由于网民参与度高、表达自由度大、意见交互便捷，不少言论在缺乏"把关人"的情形下在网上传播开来，一些言论带有较强的情绪化、盲目性因素。

三是网络舆论对社会生活具有重要影响力。从积极意义说，作为民情的晴雨表，网络舆论有利于社会管理者及时了解民众所思所想。同时，由于网络的开放性保障了社会公众的知情权，民众可以通过网络对事件进行全面了解和讨论，促使事件公开化、透明化，增强民众的社会监督意识。从消极的意义说，网络舆论易受人为因素影响，特别是当核心资源（话语权、传播权、定性权）被社会媒体、"公知大 V"、"智库"等舆论场顶端力量所掌控时，舆论被人为炒作、扭转，衍生出来的舆论暴戾、网络谣言、谩骂攻击，有可能消解社会凝聚力，成为少数利益集团扩展自己影响的工具。

（三）网络舆论生态

生态是生物在具体环境中围绕着能量的获取而形成的自我演化的自组织系统。生态学是研究生物有机体与其周围环境之间相互关系及其作用机理的科学。生态学自诞生以来，不仅形成了完备的学科理论体系，而且生态学方法作为一种自然科学方法被人们广泛应用到社会科学研究中，形成了信息生态学、经济生态学、政治生态学、农业生态学、工业资源生态学、人类生态学、城市生态学等新兴学科方向，创新了人文社会科学的研究视野。

互联网出现后，网络已成为公众进行信息传递、时政评议、意见表达、情绪释放，甚至推动事件进程等的主要平台。而公众的意见和态度不是凭空产生的，网络舆论中的各种现象与问题也不是孤立的，从生态学中主体因子与环境因子关系的视角去观察、分析网络社会，不难发现与组成自然生态系统的各个要素一样，组成网络舆论系统的各个要素，如舆论信息的生产者、传播者、消费者、分解者，以及技术硬环境、社会人文软环境等要素，也相互影响、相互制约，最终形成了自我演化的舆论生态系统。因此，探索如何构建健康和谐的网络舆论生态，使人们充分、理性、合法地发表各自的意见，从而实现沟通、化解偏见，进一步推进社会生态系统的健康发展成为当务之急。

网络舆论生态研究发起于《人民日报》系列访谈。2011 年 10 月 25 日，人民网传媒频道推出"聚焦网络舆论生态"系列访谈，邀约来自政府、学界、业界的专家学者，开始了全方位探讨中国网络舆论生态现状、网络舆论生态运行规律及治理之道，学术界随后展开了网络舆论生态的系列研究。这些研究为推动网络舆论生态的治理打下了良好的研究基础。随着网络技术的新发展和社会环境的新变化，进一步改进网络舆论生态研究方法，建构网络舆论生态的理论体系，使之更为科学、客观、规范，是目前必须探讨的理论问题。

系统内部结构、系统与环境之间的相互联系和能量交换关系是理解生态系统的起点，网络舆论生态系统的组织方式与运作机理也必须从此开始研究。在此，我们从分析网络舆论生态构成开始，通过对其构成及其影响因素的分析，对当前网络舆论生态的运作内在机理进行解剖，并由此提出相应的应对策略。

1. 网络舆论生态的定义

网络舆论生态是指在社会环境和技术环境的双重影响下，网络舆论主体在围绕网络舆论客体展开信息生产、传播、消费、分解等活动中形成的一种舆论生存状态，是由网络舆论主体、网络舆论客体、网络舆论环境构成的信息相互交换和制约的社会生态系统。网络舆论生态的形成是环境因素与舆论主体相互联系与相互制约的结果。基于其内在关联，其基本架构如图 2-1 所示。

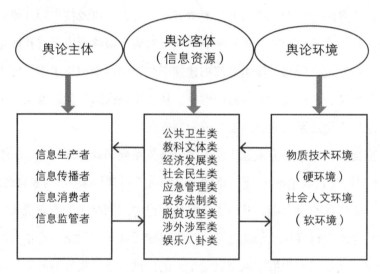

图 2-1　网络舆论生态基本架构图

从模型构架图来看，网络舆论生态主要由"舆论主体"、"舆论客体（信息资源）"和"舆论环境"三部分构成。其中，信息资源是整个生态系统的核心，是网络内诸因素传递的"能量"；主体因素在系统中具有主观能动性，包括信息生产者、传播者、消费者、监管者，他们是对信息进行加工、传播、消费、管理的主体，其与环境因素的关系是，既受环境影响也改变适应环境；环境因素构成了网络舆论生态形成的外部条件，其条件好坏直接影响着舆论生态系统信息流动与交换的丰富度和复杂程度。各种"信息资源"将环境和主体因素粘连在一起，使网络舆论生态成为具有一定功能的有机整体。

2. 网络舆论生态的构成要素

网络舆论生态的构成要素主要包括网络舆论主体、网络舆论客体、网络舆论环境。

网络舆论主体是网络舆论的发起者，是网络生态系统中具有主观能动性的活跃因素。网络舆论主体，担负着网络舆论生产、传播、消费、分解功能。根据功能的不同，可将网络舆论主体分为四类：网络信息生产者、传播者、消费者和监管者。普通网民、网络化媒体、政府网络发言人、网络"意见领袖"、网络舆论推手、网络社群及各网络社区管理人员等，都是网络舆论的主体。网络舆论主体虽然可以做出上述类别区分，但没有明确的界限，它们是可以相互转化的，例如网民既可以在网络上发布信息，成为网络信息的生产者，又可以浏览接收网站的信息和传播信息内容，成为网络信息的传播者和消费者。因此，这四类主体由于在实践中其角色是流变的、可以互换的，因而为了从功能作用视角进行细化研究，上述主体又可归为四个群体：关键群体、管理群体、支持群体、寄生群体。①

关键群体：信息的生产者、传播者与消费者对信息传播具有主动性和敏感性，是舆论主体因素中的关键群体。信息的生产者是对信息进行加工生产的主体。他们可以发端于媒体、政府、权威部门的网站、传统媒体或融媒体，也可以产生于普通网民的自媒体平台。信息的生产者同时也是信息传播的发起人，他们决定着舆论传播的内容和发展趋势。信

---

① 王建亚、宇文姝丽：《网络舆情生态系统的构成及运行机制研究》，《情报理论与实践》2014年第1期，第56—57页。

息消费者专指接收信息的人群，这个人群既可以是信息的消费者，也可以通过跟帖、发帖、转帖等方式转化成为信息的生产者和传播者。因此，信息生产者、传播者、消费者构成了关键群体，他们的存在是形成网络舆论生态的基础。

管理群体：是信息的规则制定者，是信息传播和管理的权力组织，来自政府、军队、警察、网站等社会规范的组织，他们一方面可以监控网络舆论的态势；另一方面，他们发布的信息和制定的政策、意见对网络舆论发展、引导、控制等有很大的作用，如果他们反应迟缓或无回应，或提供不可靠信息，容易造成信任危机。

支持群体：包括网络舆情监控和舆论载体平台的技术人员。网络舆情监控系统技术人员通过搜索引擎技术和信息挖掘技术，对信息进行智能分析，实现对网络舆论监督管理的需要，并形成分析报告，为各管理和决策群体全面掌握舆论动态，做出正确舆论引导和管理提供数据分析依据。载体平台技术人员是信息的分解渠道，主要从技术层面，为信息的发布、传播、消费提供组织、管理支持。

寄生群体：又称网络炒家，包括网络推手、网络"水军"、"灌水"公司、删帖公司等。网络炒家炒作舆论事件，先是锁定敏感的舆论信息，推手有目的、有计划地针对某一敏感事件设置议题，选择容易引发关注的网站和论坛发帖，雇用网络"水军"对议题进行回复、转发，使帖子持续保持关注度，促成网络舆论的迅速爆发。在网络推手的操纵下，网络舆论的平台被侵占，平等分享的氛围被破坏，舆论的真假界限被混淆。网络炒家制造着虚假的舆论繁荣，散布着扭曲的信息。这一群体为了利益，没有是非观念，严重破坏了网络舆论的正常生态环境。

网络舆论客体是网络生态系统中的信息资源，它包括各种社会现象、问题，既有正面报道，也有负面诋毁；既有积极友好，也有蓄意攻击；

既有健康向上，也有消极阴暗；既有客观评论，也有主观臆断，作用对象面对社会大众，直接影响公众的价值判断。有学者将容易引发网络舆论的话题归纳为八个方面：一是政府官员违法乱纪行为；二是涉及代表强制性国家机器的政法系统、城管队伍；三是涉及代表特权和垄断企业的政府部门、央企；四是衣食住行等全国性的民生问题；五是社会分配不合理、贫富分化；六是涉及国家利益、民族自豪感；七是重要或敏感国家、地区的突发性事件；八是影响力较大的热点明星的火爆事件。①

信息资源是整个网络舆论系统的核心，是网络生态系统中传递的"能量"（内容）。信息资源通常是在变动中成为公众注意对象的。网络舆论客体与传统媒介舆论客体基本相同，但网络舆论的客体更加广泛。

网络舆论环境可以分为社会环境和技术环境，是影响网络舆论产生、传播的重要外部因素。政治、军事、经济、文化等社会因素构成了网络舆论产生的社会环境，直接决定着网络舆论的内容和主体倾向，是网络舆论形成、传播、发展的基础性影响因素。计算机硬件、软件以及网络传播设备、网络运营商等技术因素构成了网络舆论产生的技术环境，是网络舆论赖以传播的物质技术条件，为网络舆论生成、传播提供物质与技术支持。

3. 网络舆论生态系统构成要素之间的互动关系

网络舆论生态系统是一个有机的社会生态系统，其构成要素之间存在着相互联系、相互制约、相互影响的互动关系。

网络舆论主体的互动关系。网络舆论不同主体之间、相同主体之间普遍存在相互竞争和相互合作的关系。一方面，网络信息生产者、传播者、消费者、监管者这四大舆论主体之间相互合作，建立起网络信息生

---

① 杨琳：《网络舆情飙升背后》，《〈瞭望〉新闻周刊》2009 年第 27 期，第 48 页。

态链；另一方面，他们之间又形成了竞争关系，表现为同类网络舆论主体之间在推广网络信息的生产、传播、消费中展开的竞争，以及不同类主体在网络舆论生态链中形成的相互制约关系。总之，这种既合作，又竞争的关系，是贯穿于网络舆论主体的基本关系。

网络舆论环境要素的互动关系。技术环境是物质基础，技术的变化决定着舆论形态的变化。技术环境中某一要素的变化可能导致技术环境整体变化，最终会影响到社会环境的变化。例如当某一组网络通信设备发生更新或技术变革时，与其相连网络软硬件必然与之匹配适应。网络信息技术的革新和发展必然能够提高网络舆论主体使用、搜索和创新网络信息资源的能力，促使网络舆论的生成、传播形态发生新的变化。相反，如果没有洞察到技术变革带来的连锁反应，则会陷入技术落后造成的舆论被动局面，导致掌控网络舆论话语权能力的降低，最终影响整个社会舆论环境。

网络舆论主体与网络舆论环境的相互作用关系。网络舆论主体是整个生态系统中最活跃的因素，其与网络舆论环境相互依存、相互作用、相互影响。网络舆论环境作为网络舆论赖以存在的环境条件，影响和制约着网络舆论主体的信息行为。[1]反过来，网络舆论主体又是主导网络环境发展变化的能动性因素。网络舆论主体通过自身努力，不断打造网络技术平台，构建网络舆论形成的技术环境；网络信息监管者通过宣传网络伦理、引导网络舆论、制定各种网络政策法规来打造积极向上的社会人文环境。

因此，网络舆论主体之间、环境之间、环境与主体之间的相互作用、

---

① 杨瑶、鲁玉江：《网络生态系统构成要素及其相互作用关系探析》，《科技创业月刊》
　2013 年第 11 期，第 148 页。

相互协调，促使网络舆论生态系统保持内在平衡。否则，整个网络舆论生态系统将处于失衡状态，导致网络舆论治理陷入困境。①

4. 网络舆论生态的基本特点

网络舆论生态具有动态平衡性、发展周期性和发展状况不确定性的特点。

网络舆论生态具有动态平衡性。网络舆论生态的动态平衡既是其特点，也是其调节平衡规律的体现。网络舆论生态的动态平衡是指其内部各组成要素通过网络信息的交流而达到一种不断向前发展的平衡状态。网民自身对舆论信息真实性和准确性的追求，是网络舆论生态在动态中保持平衡的直接动力。在"人人都有麦克风"的网络时代，虽然存在网络谣言和恶意炒作敏感事件等现象，但是客观上由于网络舆论主体参与讨论的多样性，不同观点、意见的交锋让一些事件在辩论中趋于明朗，从而保证了舆论生态格局的结构性平衡，使舆论事件按照传播规律自动向前发展。从中也可以看出，网络舆论的主流价值倾向仍然以促进信息透明化、追求公平公正为目标。同时，任何平衡都是相对的而不是绝对的，在网络舆论生态系统中，如果累积的负面信息超过一定的阈值②，其内在的自动调节机制将失去作用，导致动态平衡被打破，造成负面舆论失控泛滥的生态危机。

网络舆论生态具有发展周期性。网络舆论生态的发展具有周期性特点，也是其循环规律的体现。网络舆论生态系统是一个开放的、复杂的系统，在时间、地点和事件的三维坐标下由无数的舆论场构成，网民根据自己的观念和标准对舆论事件进行评判，推动着网络舆论的产生、发展、演变、

---

① 谢金林：《网络舆论生态系统内在机理及其治理研究：以网络政治舆论为分析视角》，
《上海行政学院学报》2013 年第 4 期，第 97 页。
② 阈值：又叫临界值，是指一个效应能够产生的最低值或最高值。

消失到再生产，形成一个周期，周而复始。循环周期保证网民群体内部和网民个体之间的合作和信息共享，促使网民将自己的判断和意见反馈到网络，信息在循环过程中逐步实现网民传播自己的观点，实现自身诉求的目的。对于网络舆论的管理者和当事者来说，面对网络各种敏感信息，需要舆情专业系统进行数据分析并及时进行反馈，必要时可以通过预设议题进行引导甚至行政介入，对恶意炒作敏感信息者进行惩戒，使舆论热点和焦点问题发生转移，舆论话题进入新的循环周期。

网络舆论生态的发展状况具有不确定性。国家政治、经济、社会、文化发展现状、互联网技术发展程度、公民媒体道德素质、互联网相关法律法规等都直接影响着舆论生态系统的发展状况。目前，在互联网新技术的推动下，传播手段日新月异。自媒体平台的兴盛，媒介融合的实施，主流媒体正在努力收复网络自媒体平台舆论失地。面对新条件、新问题、新挑战，能否掌握前沿技术，打好组合拳，提升政府网络舆论话语竞争能力与舆论议程设置能力，培育良好的网络社会心态，塑造网民理性人格都需要与时俱进，开动脑筋。一般情况下，网络舆论的基本发展态势在舆情部门的舆论引导和干预下，是可以掌控和预料的。但是，网络舆论在传播过程中经常出现网络围攻、语言暴力、网络炒作等非理性表达，其破坏性和危害性并不是随着舆论事件得到控制就得以消散的，负面舆论信息在传播过程中就已经扰乱了网民的思想认知，包括一些网络谣言即使后面得到澄清，但危害已经产生，一些网民会宁可信其有，不可信其无，甚至即使已经辟谣，辟谣本身也会令公众质疑，谣言仍然在网上传播，混淆着公众的判断，这将严重影响公权力机关的公信力。因此需要对网络舆论生态发展的诸多因素造成的不确定性高度重视，并进行研究。

总之，网络舆论生态的形成，本质上是现实社会生态在网络上的反映，无论其作用积极与否，网络舆论的形成和最终走向都与现实社会的发展走向和内在矛盾有着直接关联，其影响因素是多方面的。在国家持续抓紧顶层设计和战略布局，持续优化网络舆论工作的发展理念、政策法规、技术手段的大趋势大环境下，网上正面宣传引导、应对处置重大舆情事件、开展网络舆论生态治理、推动网络舆论引导能力建设等方面取得了新成果，出现了新格局。但是，网络信息的生产受国内现实社会环境及信息全球化传播的叠加作用，加上网络虚拟社会中舆论的产生、扩散、形成处于亚秩序化状态，以及新型主流媒体影响力还不够强大等因素影响，导致网络舆论"倒逼"主流媒体舆论的现象频频出现，一些负面舆论不能得到有效的引导和化解，网上有害、虚假信息每逢敏感事件，仍旧泛滥传播，网络舆论生态的治理依然任重道远。

二、网络舆论生态建设的理论基础

考察网络舆论生态形成的机理离不开马克思主义人学理论、思想政治教育学、系统论、新闻传播学等相关理论。这些理论为网络舆论生态建设研究奠基，为本书深入展开探讨提供了理论支撑。

（一）马克思主义人学理论

网络社会，是由网民组成的虚拟社会，网络舆论的监督、引导、治理，始终是围绕人的需求、人的本质、人的全面发展而不断创新发展的。构建健康有序的网络舆论生态，离不开对"现实的人"的全面分析。

1."现实的人"的存在形态：网民群体研究的出发点

马克思主义关于"现实的人"的理论。马克思认为，所谓"现实的人"，是具有自然属性和社会属性的统一体，是既要满足肉体组织生存需要的自然人，又受着各种社会关系制约的社会人。

"现实的人"具有自然属性。人的自然属性是"现实的人"理论的基本立足点。人是自然界存在的一种生命物种，具有多种自然属性及生物性需求。作为自然存在物，自然属性是与生俱来的。每个人都具有生物本能，如具有生物体的生存需求，饿了要吃饭，渴了要喝水；有感知外界、趋利避害的安全应激反应；都逃脱不了生老病死的自然规律等。

"现实的人"具有社会属性。人的社会属性是"现实的人"的本质属性。在马克思看来，"因为人的本质是人的真正的社会联系，所以人在积极实现自己本质的过程中创造、生产人的社会联系、社会本质"①。作为社会存在物，没有脱离社会而孤立地成为现实的个人。每个人都有多样化的社会需要，都会在社会实践活动的基础上与周围的人发生各种关系，如生产关系、经济关系、亲属关系、同事关系等，这些关系构成了人与人之间复杂的社会关系网络，是人之所以成为人的本质特征。人的本质特征是一切社会关系的总和，脱离具体社会关系的人是根本不存在的。

"现实的人"还是具有多种"需要"的人。"需要和利益"是人在社会实践中思想和行为动机的根源。"需要"分为多个层次，如物质需要、社会需要和精神需要等，物质需要满足着人的自然属性，社会需要满足着人的社会属性，也有人提出"现实的人"具有精神属性，人的精神属性本质上属于人的社会属性，是伴随着人的社会属性形成和发展过程而产生的精神形态，是理性和非理性的统一。

总之，"现实的人"是具有物质、社会和精神需要的人，是为了"需要和利益"而追求自由和全面发展的人。马克思主义关于"现实的人"的理论，对网络舆论引导、网民思想道德培育，具有重要的指导意义。它要求在网络虚拟社会中，必须分析网民上网的目的和需求，了解网络

---

① 《马克思恩格斯全集》（第46卷），人民出版社2003年版，第123页。

在满足和解决网民精神层面、心理层面的需求后，反映出的利益诉求。"需要和利益"同样是作为"现实的人"网民思想行为动机的根源，只有抓住根源才能有效地进行舆论引导。

2."主体性的人"：网民群体能动性的源泉

马克思主义关于"人的主体性"的论断深刻揭示了人的实践性和能动性本质。所谓人的主体性是指人作为对象性活动的主体在其作用于客体的实践中所表现出来的自主性、能动性、创造性。人的主体性离不开实践活动，是主体在现实活动中表现出的对客体的能动性。能动性是主体活动的特有属性，是主体有目的、有计划、有意识的实践活动，是主客体之间现实关系的基础。

人的主体性生成与发展有赖于教育。人的主体性生成和发展受多种因素共同作用和影响，不是固定不变和与生俱来的。虽然人的主体性会受到先天遗传、社会生活条件、社会实践的影响，但是教育在人的主体性生成中具有不可替代的作用。教育作为培养人的活动，始终是人与外部环境进行关联和互动的主导因子。通过系统的、有针对性的教育内容、教育方法和教育手段，提升作为主体的人实现自我、战胜自我、完善自我的能力。

主体性的人在网络社会中就是网络舆论的主体，是网络舆论生态中最活跃、最能动的因素，主体的能动性是网民群体创造性的源泉。建设健康有序的网络舆论生态，就是要以积极的态度和方式去培育和规范虚拟社会的主体成员——网民的思想和行为。虚拟社会的发育水平、和谐程度是由网民的思想道德水平决定的。网民的思想道德水平的提升需要教育者进行引导、促进、激励。因此，通过教育的途径，提升网民思想道德水平，有利于提高虚拟网络社会中微观个体的综合素质，让网民的主体性发挥积极向上的正能量。

3. "全面的人"：网络舆论网民群体研究的归宿

马克思主义关于"人的全面发展"的理论。马克思在资本主义分工使人变成"畸形、片面的人"的基础上推理出"人的全面发展"理论。指出人的全面发展是人与社会及自然的和谐统一，是人的身与心的全面发展、人的能力的全面发展、人的需要的全面满足。

一方面，要充分尊重个人的全面发展。人的发展是目的和手段的统一。从目的上说，"人的需要"是人的本性，是人实践活动的目的和动力；从手段上说，人的能力是实现需要的手段，个人按照自己的能力来获得合理的需要，并且在能力施展的过程中，继续提升和发展能力，从而实现满足更高层次的需要。人的全面发展意味着人的能力的全面发展，即体力、智力、社会力、自然力和潜力的全面发展。

另一方面，要满足人的社会关系的全面发展。社会关系体现了人的现实本质。人们在社会生活中形成了政治关系、经济关系、伦理关系、宗教关系、文化关系等多种社会关系，人的社会交往的普遍性决定了人的社会关系的丰富性。个人只有与社会建立了丰富的普遍联系，才能够拥有各种社会资源，才能够更好地发挥和施展个人能力。如果离开了社会、离开了集体的发展，片面地去追求个人的发展和价值，那么在影响社会和集体发展的同时也会挫伤和限制其个人发展。

人的全面发展的理论对于网民个体、网民群体、网络社会之间和谐有序发展有着重要启示作用。网络提供了网民个体自由表达和需要的平台，符合马克思主义"现实的人"的属性要求，网络促进了个体的全面自由发展。然而，在网络虚拟社会中，权威化的传统价值观受到挑战，网民个人能力在摆脱现实社会关系和人伦道德的束缚下，成为脱缰野马。尤其在日益主张个性张扬的时代，人们往往会过分强调个体的利益而忽视社会集体利益，甚至损害集体利益，离开集体的发展，最终损害的还是个体主体性的发挥。而仅仅依靠个体的自觉难以实现虚拟社会的和谐有序发展，因此需要依靠某些超越个体的力量，如法律、法规、教育来约束和引导。因此，网民在网络社会的全面而自由的发展，必须在满足网民个人需求的同时，处理好网民在网络虚拟世界中形成的各种社会关系。

（二）思想政治教育学理论

马克思认为，思想政治教育个人本位与社会本位具有统一性。从统一性出发，对网络社会中网民个体的研究，最终离不开对网络社会的研究。网络舆论生态是社会生态的反映，思想政治教育的教育目标、基本范畴、内容要素同样符合网络舆论生态建设的内在要求，二者存在着多种契合性。

1. 思想政治教育个人本位与社会本位的统一性

人的社会性本质决定了人的存在与发展离不开社会。马克思从人的社会性本质出发，推导出思想政治教育个人本位与社会本位的统一性。个体发展与社会发展密不可分，具有内在统一性，思想政治教育的价值性在于对个体全面发展的促进，实现个人和社会发展的同步。在国家和社会发展过程中，思想政治教育调动着每一位社会成员的积极性，始终发挥着"生命线"的作用，将个人需求与国家、集体的需求契合起来，将个人意志凝聚成国家意志，共建追求发展、渴望进取、兼顾他人、和谐共赢的社会生态。因此，在网络社会，作为网民的个体的发展必然与网络社会的整体发展紧密相关，这也是思想政治教育的过程必然伴随着以研究网络舆论主体（网民）为出发点，而扩展到整个网络舆论社会生态中的原因。

2. 思想政治教育与网络舆论生态治理的契合性

首先，教育目标的契合。当前我国思想政治教育的目标是尊重个人合理正当的利益，在实现个体社会化的基础上实现个人的需求和价值。

通过传递社会主义国家的意识形态、价值观念，促进人的积极性和创造性，最终实现人的全面发展。思想政治教育的这些目标不仅是现实社会的发展要求，也是网络虚拟社会的价值取向。因此，通过思想政治教育的途径提高网民群体的思想道德水平，通过改造网民的思想而形成社会价值的共识，最终服务于国家、社会、个人需求和价值的共识和统一。

其次，基本范畴的契合。思想政治教育学科的五个基本范畴分别是："教育主体与教育客体""个人与社会""教育与管理""思想与行为""内化与外化"。这些范畴与网络舆论生态的治理要求具有明显的交集。例如"个人与社会"，网络舆论生态就是一个网络虚拟社会，网民与网络舆论生态的关系，正如人与社会的关系，是人的本质属性。要构建和谐有序的网络舆论生态，就是要使网民认同社会公认的行为规范和价值观念，这就需要通过思想政治教育的方式方法缩小网民现有的实际思想道德水平与社会共同价值的认同差距。再如"教育与管理"范畴，网民行为失范的主要体现是错误的认知和言论，这一行为还没发展到法律和监管采取强制措施的地步，需要的是网民的道德素养的规范，如自律、内省等自我约束。而解决人们道德认知、思想问题正是在管理弱化和法律法规覆盖不到的情况下，思想政治教育功能发挥的必然要求。

最后，内容要素的契合。构建和谐有序的网络舆论生态环境需要发挥意识形态、舆论引导、心态涵养、内省自律的功能，这些功能范畴与思想政治教育内容要素上具有一致性。思想政治教育的内容随着时代的发展而发展，现阶段思想政治教育的内容主要包括五个方面：政治观教育、世界观教育、人生观教育、道德观教育、法制观教育。[1]

网络意识形态功能侧重于政治观教育。政治观教育主要包括基本国

① 陈万柏、张耀灿：《思想政治教育学原理》，高等教育出版社2007年版，第176—188页。

情教育、党的基本路线教育。在网络中对网民进行政治观教育有利于帮助网民更好地理解和执行党的路线、方针、政策，认清国家所处的内外环境，树立起对国家、社会、民族的责任感，改变部分网民在网络上对国家政策制度等习惯性"吐槽"的行为；有利于理性地思考前进中的社会阵痛和发展中的社会问题，在网络社会凝聚更多的共识，促进国家和社会健康有序和谐发展。

　　舆论引导功能侧重于世界观教育、法制观教育。一方面，世界观教育是舆论引导的内在需要。本文在阐述舆论的概念时，认为舆论主体的判断总是建立在其既定的信念基础上的，信念教育和思想政治教育的世界观教育是一致的。马克思主义世界观要求我们在观察与分析社会现象时要运用辩证唯物的方法去认识社会问题和历史现象，透过现象抓本质，排除事物表象、假象的干扰，预防思想和行为上的片面化与绝对化。对网民开展舆论引导，是在其既有信念的基础上，形成更加正确的世界观，有利于网民运用辩证、理性的视角分析转型期出现的种种复杂社会现象。另一方面，法制观教育是舆论引导的外部保障。自由是有边界的、相对的，每个人都没有权利打着自由的旗号去侵犯他人的合法权益。现实社会如此，网络社会同样如此。网络上的言论自由是相对的，网络社会中的网民依然是现实社会中的人，有人的地方就应该有纪律和规则。法制观教育同样需要在互联网领域展开，只有使广大网民树立起网络虚拟社会也需知法守法的观念，网络舆论引导才有了法律法规依据和保障。

　　心态培育功能侧重于人生观教育。树立积极、进步、科学的人生观，有利于培养自尊自信、健康向上的价值取向。培育理性平和的社会心态，这对于人们正面心态的展现具有根本影响力。在社会转型期，社会矛盾交织，思想政治教育客体的心态有了很大的变化，正面心态和负面心态交织于各种社会矛盾之中。因此，心态涵养培育就是要注重人文关怀和心理疏导，注重培育网民心理调节能力。而心理调节能力的强弱是建立在一定的人生态度、人生价值认同基础上的，只有通过正确认识和评价个体所处的客观环境，才能积极地适应外部环境，达到身心健康的目的。

内省自律功能侧重于道德观教育。一定道德规范的形成离不开道德观教育。在网络虚拟社会中，现实社会道德观遇到了天然的消解，内省和自律成为重塑道德观的根本路径。内省和自律是思想政治教育方法论中自我教育的重要内容。内省是人们通过再认识和再评价，回顾自己的行为和思想，提出客观的自我评价。①自律是自觉按照自身信奉的标准和社会要求的行为规范来约束自身的言行。网络社会尤其需要网民用内省和自律这种自我教育方式重建道德约束。虽然网络社会网民主体自由度十分宽松、话语权空前平等，但是在网络上同样需要道德约束，做到使用有度和言行有度，道德伦理规范是网络主体最好的"防火墙"。

由此可见，网络舆论生态建设的功能范畴与思想政治教育五大内容要素，具有高度的契合性。因此，网络舆论生态的构建和治理，在于拓展思想政治教育在新时期、新领域的功能，是思想政治教育内容不断向网络社会延伸的体现，终极目标是促进网络生态的"柔性治理"。

（三）系统论基本原理

网络舆论生态是一个各种组成要素不断演进变化的系统，遵循着系统论的基本原理和规律。

系统是指"相互关联的元素的集"。②系统理论是基于以系统的视角来看待世界所形成的一套完整理论，它包括系统的原则、功能、运行

---

① 刘新庚：《现代思想政治教育方法论》，人民出版社 2008 年版，第 162 页。
② [美] 冯·贝塔朗菲：《一般系统论：基础发展和应用》，清华大学出版社 1987 年版，第 46 页。

机制等一系列内容，其核心思想是系统的整体观念。

首先，系统整体性原理。"整体性"是系统最突出的特征。系统首先是一个有机的整体，这个整体是由若干独立要素组成的并被赋予独立要素所不具有的性质和功能，整体的新功能不等于各个独立要素功能的简单相加。系统整体的性质不可能完全归结为系统中独立要素的性质来解释。同时，系统中的若干独立要素一旦组合成系统，每一个独立要素之间会形成互动影响模式，成为环环相扣的节点，又制约着整体的发展。系统的整体性，说明独立要素是系统整体中的部分，反对以局部来说明整体的机械论的观点。在网络舆论生态中，舆论生态是一个整体，是由舆论主体、客体、环境等各要素组成的有机体。各个要素都发挥着自己的功能，各要素在相互作用、影响、制约下推动着舆论生态整体建设。构建健康有序的网络舆论生态如果仅仅认为把其中的个别独立要素建设好，整个舆论生态就会好，就会犯以局部代替整体的错误。

其次，系统开放性原理。系统的开放性，体现了内因和外因相互作用的规律。系统具有不断地与外界环境进行物质、能量交换的功能。内因是事物发展变化的根据，外因是事物发展变化的条件。如果系统不与外界环境发生联系，那么内因只能滞留于内因之中，内因对于外因而言，也只能是潜在的可能性。现实世界中，系统都是开放的，系统通过与环境相互作用将系统内潜在的可能性转化为现实可能性。网络生态系统也是一个开放的系统，不断受到来自技术硬环境和社会软环境的影响，引导着网络舆论的形成和发展，促进着整个舆论生态在形态、功能上不断演化。

最后，系统优化原理。结构和功能的辩证关系是系统论中的最重要的问题之一。结构是功能的基础，功能依赖于结构。[①]功能的良好运行

---

① 汪应洛、黄麟雏：《系统思想与科学技术发展战略研究》，西安交通大学出版社 1985 年版，第 13 页。

依赖于系统结构的合理。系统的结构优化和功能优化总是密切联系、不可分割的。系统优化是整体优化，是根据确定的整体目标，处理和把控好局部要素与整体布局的关系，设计最佳的组织结构和组织功能服务于整体目标的实现。网络舆论生态是一个动态系统，网络舆论的形成和发展受各种局部要素相互作用、相互影响，并且在这一过程中具有不可抗拒的自组自稳规律。网络舆论生态的构建，就是对整个网络舆论生态系统进行优化，把和谐有序作为系统的优化目标，从优化技术平台、优化社会环境、优化监管机制、优化引导机制上着手，最终是为了实现网络舆论生态的健康发展。

（四）新闻传播学理论

新闻传播学理论是对新闻传播规律的概括和总结。借助新闻传播学理论有利于揭示网络舆论的传播规律、传播机制、传播特点，从新闻传播学的视角理解和把握网络舆论生态发展的规律。

使用与满足理论。传播学"使用与满足"理论的提出是从传播者视角向接收者视角转折的一个重要标志。其研究是从信息传播的接收者，即"受众"角度出发，通过分析受众接触媒介的多种心理和社会需求，考察媒介在信息传播中给人们带来心理和行为上的需求得到满足后的效用，即"使用与满足"理论。"需求"是一种心理特征，跟个体的心理因素、社会身份、生活环境相关。受众选择使用哪一种类型的媒介是基于其个人需求，从这个层面讲，该理论强调了受众的能动性，引导我们更加关注受众，把满足受众的需求作为衡量传播效果的基本标准。本文研究中，受众即广大网民群体，由此"使用和满足"理论分析网民使用互联网的动机有三个基本假设：一是根本原因，网民使用互联网是有目的的，网民基于心理或社会需求，想借着使用互联网来满足自我实现需要、社交需要、休闲娱乐需要等多元需求。二是重要原因，对互联网的使用和认可满足自我表达的享受，社交型网民很可能存在程度不等的社交心理障碍，而网络的隐藏性使原有的社交心理障碍消失，获得更多随心所欲的快感。三是延伸原因，能够驾驭信息并实现个人成功的幸福感。如网民中能够占有信息并再生产信息的"意见领袖"，在网络舆论中扮演着举足轻重的角色，驾驭信息的能力使其"赢得尊重"，带来"英雄情结"的成就感、幸福感。

政府控制理论。网络舆论的政府监管，需要新闻传播学中的"政府控制理论"提供理论支撑。新闻传播中的政府控制理论认为，政府需要对新闻传播的活动进行积极控制，以确保新闻媒体能够为政治制度以及国家社会发展目标服务。在网络虚拟社会，网络信息的传播同样要为意识形态与社会建设服务，而网络世界的虚拟性和隐匿性特点，更需要强化对网络舆论的积极引导、合理控制、有效监管。网络舆论引导、监测、治理需要建立有效的舆论监督管理机制和专业的管理部门；需要重视主流媒体的建设，要抢占和控制舆论宣传制高点，在网络舆论引导中发挥主流媒体的控制作用；需要提高主流媒体媒介融合质量，敢于发声，善于发声，提高主流声音在新媒体宣传平台上的引领能力。

把关人理论。新闻传播学的"把关人理论"能够为网络舆论的引导提供借鉴。"把关人理论"认为把关人可以沿着信息的流动渠道，按照个人偏好或者法律法规对信息进行过滤和筛选，并递给受众。[1]网络信息传播的特点决定了受众与传播者的身份不再有明确的区分，每个网民既是信息的受众又可以是信息的传播者，人人都能够成为信息的

---

[1] 解迎春：《自我把关与政府把关：网络传播中把关人角色探析》，《新闻世界》2009年第7期，第164页。

把关人。每个网民个体都会根据自己的兴趣偏好，决定传播的内容和关注的焦点，这就需要教育网民树立起把关人意识，主动承担起把关人的责任，对网络信息传播保持审查把关意识，才能防范虚假、有害信息的传播。

议程设置理论。议程设置理论是直接探讨媒介如何引导公众形成舆论或转变已有舆论的一种理论假设，因此在本研究中具有重要的理论参照。1972 年，美国传播学研究者 M.E. 麦库姆斯和 D.L. 肖首先提出这个理论，认为大众媒介虽然不能决定人们对某一事件的具体看法，但是大众是通过媒介知晓事件或问题，于是媒介无形中为人们构建着现实社会。媒介的职业特征决定了媒介可以用十分明确的意图来影响舆论。议程设置的理论认为，通过人为设置话题，可以实现对舆论的积极引导。目前，以微博、微信为代表的自媒体在议题设置上，日渐呈现"多元化"趋向，传播模式由小众向大众转变。在网络舆论引导中，借助议程设置遵循的传播规律以个人议题→谈话议题→公共议题的模式，对碎片化网络信息进行聚焦，从而实现对网络舆论内容的转换。

效果反馈理论。在新闻传播中，及时了解传播的效果，有利于调整传播方式、修正传播内容、提高传播效率。效果反馈理论对于建立网络舆论的预警、引导、监管提供了理论依据。信息传播方式和手段的数字化，为数字化的舆情预警监测提供了可能。利用技术手段，网络舆论引导、治理者能够根据需要及时收集网络舆论相关信息，得到回馈分析，及时掌握网络舆论受体的想法和反应，进行网络舆论引导或者对舆论引导的效果做出评价，从而大大增强网络舆论引导的实效性和对舆论管理的针对性，为改善网络舆论生态环境提供科学分析平台和依据。

第三章 互联网舆论生态形成的环境因素

  网络舆论生态是在技术环境和社会环境的双重影响下形成的。技术赋权载体革命带来了媒体形态和体裁样态层出不穷的变化。错综复杂的政治环境、高度融合的媒介环境、开放多元的社会环境，共同构建出动态的互联网舆论生态。

  在移动互联技术的推动下，数以亿计的受众向网络新媒体转移，塑造出新的媒体话语竞争格局。"两个舆论场"之间的离散和整合，"舆论盛宴"下网络主渠道对亚秩序的规正，"媒介分层"下价值多元的核心引领都深刻影响着网络舆论生态的形成和发展。当前我国正处于社会转型期，社会的剧烈变迁引发人们心理层面的焦虑和价值观念的嬗变。社会转型期个体与公权力机关形成的博弈新格局、民众社会心态的"失衡"与规正、主流文化对人文精神"空场"的担当引领，都一定程度上影响着主流价值观念的价值地位。

一、技术环境：技术赋权载体革命

如果把 1994 年 4 月 20 日我国首次开通 64K 专线信道视为中国互联网的起点，那么中国已经在全新的"信息高速公路"上突飞猛进了近 30 年。随着无线上网技术的发展和应用，4G 网络的成熟，5G 网络的加速发力，移动媒体已进入"全媒体"[①]发展阶段。我国主流媒体经过 7 年的媒体融合战略发展转型，两年的县级融媒体中心建设布局，如今融合转型已经进入深水区，新型主流媒体打造进入攻坚期。2020 年 9 月《关于加快推进媒体深度融合发展的意见》印发，强调以先进技术引领驱动融合发展，用好5G、大数据、云计算、人工智能等信息技术革命成果。5G 时代的到来，以不可阻挡之势开始深刻重构新闻传播格局和网络舆论生态。这一系列源于互联网信息技术发展而带来的通信器材、计算机硬件、软件等平台的革命，带来了媒体形态和体裁样态层出不穷的革命性变化，将极大促进智能互联网阶段的舆论发展，这是网络舆论生态形成的物质基础。

（一）手机成为上网第一屏

随着中国移动互联技术的加速发展，移动互联网已经成为信息传播的主渠道。目前，通过手机上网的人越来越多。网民个人上网设备进一步向手机终端集中，手机上网比例不断增长，台式电脑、笔记本、平板电脑的上网比例则呈下降趋势，手机成为拉动网民规模增长的首要设备。根据第 47 次《中国互联网络发展状况统计报告》，截至 2020

[①] 2019 年 1 月 25 日，习近平总书记在主持中共中央政治局第十二次集体学习中指出，全媒体不断发展，出现了全程媒体、全息媒体、全员媒体、全效媒体，信息无处不在、无所不及、无人不用，导致舆论生态、媒体格局、传播方式发生深刻变化，新闻舆论工作面临新的挑战。"四全"特征是全媒体的基本特征。

年12月，我国手机网民规模达9.86亿，较2020年3月增长8885万，网民使用手机上网的比例达99.7%，较2020年3月提升0.4%。① 如图3-1所示。

来源：CNNIC 中国互联网络发展状况统计调查　　　　　　　　　　　2020.12

图3-1　手机网民规模及其占整体网民比例

随着网络环境的日益完善，各类移动互联网应用的需求逐渐被激发。移动互联网塑造了全新的社会生活形态，从基础的信息查询、通信沟通到金融理财、购物交易，再到教育、医疗、交通等公共服务，网络在不可阻挡地改变着人们的日常生活的同时，也必然引发舆论传播方式的革命。高度依赖手机终端是移动互联网的最大特点，人们所有的想法将越来越依赖手机进行发布和接收。在移动互联网应用平台中，作为信息类基础应用，网络新闻已经成为除即时通信和搜索引擎之外的第三大互联网基础应用。截至2020年12月，我国网络新闻用户规模达7.43亿，较2020年3月增长1203万，占网民整体的75.1%；手机网络

---

① 中国互联网络信息中心：第47次《中国互联网络发展状况统计报告》。http://www.cac. gov.cn/ 2021－02/03/c_1613923423079314.htm。

新闻用户规模达 7.41 亿，较 2020 年 3 月增长 1466 万，占手机网民的 75.2%。①如图 3-2 所示。

单位：万人

来源：CNNIC 中国互联网络发展状况统计调查　　　　　　　　　　2020.12

图 3-2　2016 年 12 月至 2020 年 12 月网络新闻用户规模及使用率

从 2017 年到 2020 年的数据分析，我国手机网络新闻用户规模基本呈现稳定状态，接近网民总体规模的用户量，意味着手机成为人们获取新闻的主要渠道，微博、微信、微视频、新闻客户端，简称"三微一端"，成为最成功的信息和资讯交流互动的平台软件，主导着社会舆论议程。

由于在移动平台上的新闻阅读能够进行个性定制，更符合个人需求，移动互联网络的个人选择权比传统互联网更加凸显。这一由技术决定的特点，使争夺新媒体话语权的竞争更加激烈，公众个人的选择权成为重要因素，要想获得传播力和影响力，所需要的第一要素，就是用户资源。于是就有了微博"涨粉"、微信公众号"求关注"，各种花招应接不暇。各互联网媒体每隔几天更新一个新闻客户端版本、新闻类 App 排行榜"轮

① 中国互联网络信息中心：第 47 次《中国互联网络发展状况统计报告》。http://www.cac. gov.cn/ 2021-02/03/c_1613923423079314.htm。

流坐庄",消费者在手机上用哪个入口看新闻,如今都要抢,包括腾讯、网易、搜狐、新浪、凤凰网在内的大众门户网站巨头,以及以"今日头条"为代表的资讯软件,都在进行一场手机新闻客户端的争夺战,网络新闻市场呈现马太效应,具备先发优势和优质内容的参与者领跑网络新闻市场。因此,主流媒体在新媒体领域的表现不是将内容从报纸复制到传统互联网网站,或从传统互联网网站复制到手机屏幕那么简单,话语权的争夺,人气的聚拢,需要迥然不同的"画风"。

技术的不断更新发展是人和社会需求不断推动的结果。在海量信息的包围下,为解决"信息超载问题",基于算法主动推荐的个性化推荐技术应运而生。目前,新闻客户端和各类社交媒体已成为第一信息源,在由"人找信息"向"信息找人"的舆论传播环境转型中,要充分利用传播技术手段的更新来满足用户的多样性和个性化需求,这样才能更好地凝聚网上共识,引领舆论走向。新闻媒体在经历了媒体融合的转型蜕变后,开始向聚合类新闻客户端发展,例如"今日头条"基于个性化推荐引擎技术,推荐内容不仅包括狭义上的新闻,还聚合了音频软件、小视频软件、游戏、电商等的功能,表明其正在发展成为一个智能的分发平台。一些主流媒体开始依托"中央厨房"专业的内容制作平台,正在加快实现灵活、多变、高效的内容呈现。比如2020年上半年,面对突如其来的新冠疫情,主流新闻媒体深入开展疫情相关报道,通过社交平台、新闻资讯类应用、搜索引擎、短视频平台等发布新闻资讯,使用户更加便捷地获取新闻资讯并进行多次分发,不断扩大资讯触达范围,提升了新闻传播效果。

近年来,我国人工智能产业呈现出蓬勃发展的良好态势,智能语音、智能视频、图像身份识别等技术的发展及其所带来的日趋丰富的应用场景,正在深刻改变人们的生产生活方式,也不断推动着网络舆论传播方式的创新。例如《光明日报》与科大讯飞打造首张智能化有声报纸,借助人工智能强大的语音处理能力、核心算法能力、大数据收集和分析能力，为受众提供更有深度的内容和更直观丰富的呈现形式。让《光明日报》"能听会说"，这是主流媒体嫁接智能语音技术，通过媒介技术赋能，探索智能化时代报纸转型的新创举，是推动"主力军上主战场"的举措。但是，人工智能在给人类生活、社会经济带来新变化的同时，对于相关部门舆情处置与网络治理工作，也带来前所未有的挑战。比如人工智能算法主导的新闻生产与信息分发，带来了信息茧房效应①与算法偏见等问题，冲击网络舆论生态自然平衡。基于人工智能的计算机音视频处理技术可以创造出逼真的动态画面，加入合成声音，"数字木偶"可以精准模仿政治和公众人物，这让虚假新闻更难被识别，导致谣言迅速扩散，甚至影响舆论走向。"机器人水军"的存在客观上也影响着舆论生态。

2019年1月25日，习近平总书记在中共中央政治局集体学习中指出，要全面提升技术治网能力和水平，规范数据资源利用，防范大数据等新技术带来的风险。因此，在技术赋权载体革命的大背景下，更需要政府相关部门、业界和公众深入讨论，加强对新技术潜在风险的研判和防范，让新技术更好地发挥正向导引作用。

（二）微博展现围观就是力量

140个字，一秒钟的传播时间，但却具备了信息社会能量最大化的优势。2009年，很多中国网民还沉迷在某些SNS社区的偷菜乐趣中不能自拔，2010年中国互联网迎来了微博服务。如果说"围观"是通向公共话题的第一步，那么微博就是将"围观"迅速变成一种社会"普遍"姿态的力量。2010年的重要年度人物、事件，都通过微博成为网民关

---

① 信息茧房效应是指人们关注的信息领域会习惯性地被自己的兴趣所引导，从而将自己的生活桎梏于像蚕茧一般的"茧房"中的现象。

注讨论的焦点。包括百度、腾讯、新浪、网易、搜狐在内的我国主流互联网企业均已加入了微博服务的大潮。个人微博、机构微博、企业微博、政府职能机构微博、资讯类微博、API（应用程序编程接口）客服微博等，风起云涌、潮涨潮落。自媒体"遗老"——论坛、博客的影响力则继续衰减，几乎难觅热点事件的踪影。

微博促成了网络媒体角色嬗变，网络自媒体从"草根"走向"主流"。微博信息的传播速度取决于粉丝量的多少，在用户转发、评论的过程中，微博舆论从而形成。在"粉丝经济"的当下，拉到名人，就拉到了粉丝。激烈的竞争使新浪把自己在名人博客上的理念和资源优势移植到微博中来，并顺理成章地发挥着巨大作用。自 2013 年开始，微博市场内部的品牌竞争格局已经明朗，腾讯、搜狐、网易等公司对微博投入力度陆续减少，用户逐渐向新浪微博迁移和集中。新浪微博已经在塑造公共舆论方面占据明显优势地位，成为"意见自由市场"。

微博可以传播身边的重大事件，特别是与人们生活息息相关并且影响巨大的新闻事件等，是新媒体时代人们更愿意选择的平台。事实证明，突发事件信息更多源于微博，网民评论更多出自微博，"大V"的声音更能引起网民关注，形成舆论聚合效应，"围观就是力量"成为微博的真实写照。

主流媒体在经历了微博发展初期集体失声的教训后，在媒体融合发展改革的推动下，开始收复微博失地，在传播能力上有了长足发展进步，主旋律声音更加响亮，正能量舆论更加充沛。各类政务平台也借微博之力，提升社会治理能力和舆论引导能力。截至 2020 年 12 月，经过新浪平台认证的政务机构微博为 140837 个。①政务机构微博作为一种具有

① 中国互联网络信息中心：第 47 次《中国互联网络发展状况统计报告》。http://www.cac.gov.cn/ 2021−02/03/c_1613923423079314.htm。

强大影响力、传播力的媒介，在政务信息传播、正向舆论引导、线上线下民生服务等工作中正发挥着独特作用。

目前，新浪微博和腾讯微信成为中国互联网主流的社交平台。以微博和微信为代表的社会化媒体已覆盖大部分国内网民，二者用户重叠度高，功能互补性大于竞争性。虽然后来居上的微信分流了部分微博用户，但是由于微信好友数量和桌面端发展的产品张力有限，微信社交属性强于其媒体属性，而微博的优势正在于其媒体属性，微博的媒体属性使得其更像是大众传播的新闻平台，这是微信无法替代的。

因此，虽然新浪微博受到微信一定程度的冲击，加上国家互联网治理力度的加大，某些"大V"的失声（沉寂、被销号）、转场（微信等）、转型（变营销号），使得微博核心资源加速流失，双微平台开始向微信倾斜，微博热度有所下降，但微博的媒体属性强于其社交属性，突发事件发生后，爆炸式传播力量还是非常强大，仍然主导着网络舆论场，是目前中国"媒体属性"最强的社交网络平台，也是政府、军队等舆论危机应对的主战场。

（三）微信引导熟人社会舆论风向

微信是腾讯公司于 2011 年 1 月推出的一款为智能手机提供多媒体信息通信的免费应用程序，用户可以通过手机网络发送语音、文字、图片、视频并支持个人或多人群聊，还能在朋友圈分享自己的生活，给大众带来全新的沟通体验。

从 2012 年 8 月 23 日微信公众平台正式上线，仅用了 433 天就完成了注册用户破亿的惊人增长，微信舆论场开始急速形成。

微信信息传播是一种建立在熟人社会的强关系、点对点传播，其信息传播更加精准和私密：一是通过添加成为好友，实现点对点双向传播；

二是圈子互传，用户通过朋友圈等形式接收信息；三是关注各种客户端的推送和接收信息。在这几种传播模式的共同作用下，通过传播者的转发和推送很容易形成多级链条传播，造成信息的爆炸式扩散。

微信在发展初期也经历了类似微博初期的野蛮生长，具体表现就是各种途径对各种微信公众号的求"关注"。微信公众号凭借黏性、私密性以及相对宽松的监管机制，成为重要的新兴载体，涌现出生活时尚、科技财经、时政评论等细分内容。如果 2013 年被称为微信公众号元年，在短短两年时间内，微信公众号已发展到饱和状态，里面鱼龙混杂，泥沙俱下。吸取在微博发展初期，主流媒体在微博阵地的集体失声、哑声、弱声的教训，各种主流媒体纷纷不失时机地开设微信公众号，《人民日报》、新华社、《解放军报》等各大主流媒体公众号全速发展。主流媒体开办微信公众号绝不是赶潮流，使命在于及时传送党和政府的声音、解读重大民生政策、回应百姓关注热点、抢占移动终端舆论阵地。正是通过积极发声，及时应对，越来越多的人成为主流媒体的粉丝。实践证明，官方微信对社会上各类嘈杂的声音，能够及时站在高位，捕捉到大众关心的热点，适时发声，起到了扩大主流媒体影响力的积极作用。

目前，微信可能是大部分网民花时间最多的手机应用软件。据《2019年微信数据报告》，2019 年微信的月活跃账户数超过了 11.5 亿。微信除了有建立在熟人强关系的社交属性外，各种微信公众号也成为人们了解新闻时事的第一信息源，发展为社会舆论的新引擎。特别是微信使更多的社会阶层上网，网民结构日益向中国总人口的结构还原，推动网络话语权趋于均等化。

另外，在微信平台上，一批内容优质的专业自媒体公众号强势崛起，据"清博指数"平台数据监测，截至 2020 年 11 月 27 日公布的中国微信排行榜中，时政类"观察者网"在微信公众号 WCI 指数①为 1930.73②，荣登榜首。同时，观传媒集团还将其优质内容向微博、头条、YouTube、Twitter 等其他 12 个平台打包发布，每一个平台上的用户数几乎都超过观网平台的用户数，2020 年累计的用户达数亿。③ "占豪"微信公众号 WCI 值 1853.36，排名第三。"占豪"运营几年来，用户排名和用户"打开率"的排名都非常高。这些自媒体与主流媒体相辅相成，发挥了共同打造和引领舆论风向的良好效果。

但是，微信舆论场同时存在着传播劣势，尤其是谣言的传播更具有煽动性和欺骗性。微信群圈的亲密私人交往、高度情感认同的特殊信息生态，使谣言在舆论传播中更容易被相信、转发，面对有门槛而又相对隐秘的小圈子，"大喇叭"的声音很难覆盖那些自吹自唱的"小喇叭"，这也使微信监管和舆论危机处理必须进入更加复杂精细的管理模式。

（四）短视频成为网络舆论新载体

短视频是视频的一个分支，最早产生于美国的网络社区软件 Viddy，用户通过简单操作即可将拍摄的视频剪辑成 30 秒钟短片并上传至网络社区。2014 年以来，"冰桶挑战""小苹果""挖掘机技术哪家强"等短视频社交成为流行现象。自 2016 年起，短视频平台在国内迅猛发展，各大互联网平台均积极布局短视频业务。

从行业发展看，目前，国内居于第一梯队的资讯类客户端短视频平

---

① WCI 指数即微信传播指数，是将总阅读数、总点赞数、平均阅读数、平均点赞数、最高阅读数、最高点赞数、点赞率等指标综合评估后得到的数值。

② "清博指数"平台是由北京清博大数据科技有限公司成立的权威新媒体数据挖掘和分析平台。上文数据来源于其微信公众号"清博指数"2020 年 11 月 27 日数据公布。

③ 微信公众号"观察者网"：《观网总编答案年终秀开幕致辞》，2020 年 11 月 30 日。

台主要有微博、微信、今日头条、一点资讯等；短视频直播应用平台则经历了从秒拍、美拍、小咖秀、微视、西瓜视频、梨视频、B站等二次元弹幕网站的群雄逐鹿到抖音和快手"双峰""二分天下"。抖音发布的官方数据报告显示，截至 2020 年 1 月 5 日，抖音日活跃用户数量（以下简称"日活"）已突破 4 亿；快手官方报告显示，2020 年年初快手日活已突破 3 亿。而基于庞大用户群的微信视频号，自开放注册后在极短的时间内日活就突破 2 亿。"两超"加上"多强"，短视频总日活已经超过 10 亿。据统计，截至 2020 年 12 月，我国网络视频（含短视频）用户规模达 9.27 亿，较 2020 年 3 月增长 7633 万，占网民整体的93.7%；其中，短视频用户规模达 8.73 亿，占网民整体的 88.3%。[①]抢占碎片化时间的短视频成为"杀时间利器"，既改变了传媒格局又重塑了受众习惯，成为重塑新媒体格局和舆论生态的重要力量。

从网民使用看，与图文信息相比，短视频更加深度嵌入社会生活，在 "行走拍""随手拍"十分普遍的移动端时代，每个人都可以成为视频的制作者，用短视频记录分享自己的生活，与他人互动，创新了社会交往互动的新模式。短视频的即时性、现场感以及连续性，使得网络信息的可信度得到有力"背书"，有视频有真相，在各种平台巨大用户群体的加持下，短视频成为网民表达关注和诉求的又一种方式。比如，新冠疫情防控期间，微博用户累计上传了 225 万条疫情相关视频，播放量超过 842 亿次。河南辉县一村支书关于疫情防控的广播暴躁喊话、医护人员防护服内衣服汗水浸透等短视频引发热议与共鸣。抖音账号"回形针"制作出《关于新冠肺炎的一切》视频，全网累计播放量超 1.5 亿次，

---

① 中国互联网络信息中心：第 47 次《中国互联网络发展状况统计报告》。http://www.cac.gov.cn/2021-02/03/c_1613923423079314.htm。

各渠道累计涨粉 1500 万。短视频给予用户一种新的媒介形态，拉近了人们的距离。

从宣传引导角度看，观看、拍摄短视频成为一种全新网络热潮，刷短视频成为移动用户的新常态，主流媒体加强短视频融合创新已经成为网络宣传引导工作的重要方向之一。主流媒体以"移动先行""视频先行"打造传播矩阵，例如四川甘孜藏族自治州青年丁真微笑短视频"火爆"网络后，四川省各级政府部门、官方媒体积极布局宣传推广，打出一套组合拳，成功让丁真突破传统"网红"标签，不仅推广了当地文旅，也拉升了全国的旅游话题热度，其中，邀请丁真为家乡拍摄的宣传片《丁真的世界》，引发海量关注。不少网民点赞表示，把流量转换为正能量真的是太好了！

各级政府也积极发展短视频政务号，据统计，截至 2020 年 12 月，各级政府共开通政务抖音号 26098 个。短视频政务号的发展，更是激发了很多部门在政务信息传播内容制作上的热情，优秀作品频出，在获得网民认可的同时，也增加了媒体和政府自身公信力。例如，2020 年 6 月，湖南浏阳一名街道干部宣传禁毒工作，经过"浏阳日报"抖音号剪辑发布后，短短 30 秒的禁毒短视频播放量达 1.4 亿次，成为禁毒宣传的"现象级"作品。

大量自媒体也将短视频平台作为扩大自身影响力、弘扬正能量、营造清朗网络空间的重要阵地，发布生活中点滴真情、温馨感人的事件，与主流媒体产生了良好呼应，在目标与行动上趋于一致。例如，在新冠疫情防控期间，博主 @孔维 w 发布的"我们最好的时光就是现在"，整合近 140 个素材向网民呈现疫情之下的众生百态，视频时长 8 分 48 秒，网民互动量超过 200 万次，视频播放量超过 6000 万次。视频内容中，为武汉加油，医护工作者为疫情无私奉献等暖心片段引发网民"泪奔"，

"触动""好哭""感动"等网民情绪化热词频繁出现。

从舆论热点事件传播看，短视频成舆论"策源地"与"发酵池"特征进一步凸显。随着短视频迅猛发展，平台呈现出用户基数大、使用频率高、推动舆情快速发酵及广泛传播，给相关部门舆情应对带来一定挑战。例如，2020年12月，一名家长手持"教啥啥不行，叫家长第一名"的锦旗，反映江苏徐州天翔小学赵西海老师频繁叫家长去学校的短视频在网上流传，事件引发广泛关注。后经查，徐州市范围内无天翔小学，也无赵西海老师，该视频内容纯属虚构，系赵某某为博取眼球、吸引关注而自导自演的虚假视频，这一事件给徐州家校共育造成不良影响。由于短视频发布门槛较低，各个短视频平台上充斥着各种无意义恶搞、低俗、拼凑剪辑、剧本摆拍、虚假短视频等。同时在商业利益的推动下，一些短视频制作者为争取点击量和关注量而无所不用其极，存在着贴标签、蹭热度、炒话题、谋盈利等问题。因此，从舆情应对角度，应重视短视频平台对网络舆论和网络空间的影响，密切关注新传播平台动向，不断加强对短视频行业、对内容的监管与指引。各地政府部门在舆情分析中应重点对短视频进行监测、分析与研判，以便针对相关舆情可以迅速响应，及时应对。

二、政治环境：纷纭激荡

网络舆论生态的形成离不开国家、社会发展的政治大背景。目前中国国内政治局面安定，社会生活民主开放，带来了网络舆论的空前自由，也积累了网络舆论场喧嚣的"盛宴"。在言论自由旗帜下，互联网成为各种思潮博弈的场所，互联网领域意识形态斗争错综复杂，境内外舆论场遥相呼应，国际舆论场"西强我弱"的格局没有改变，舆论的炒作更加鲜明地指向政治议题。

（一）互联网领域意识形态斗争错综复杂

近年来，中国政府以积极的心态和姿态开展对外交往，给中国经济、科技、教育、文化以及意识形态方面创造了更多的对外展示机会，一个日渐强大的社会主义大国形象已经在全世界各国人民脑海中逐渐清晰。同时也让以美国为代表的西方强国感受到了来自中国的压力，加紧对华贸易战、科技战、金融战以及思想文化战、意识形态战，种种暗战都在互联网领域有所体现。特别是新冠疫情防控期间，美国的"冷战"体制正在复活，偏执于以意识形态画线画圈，不断挑动意识形态对抗，将公共卫生问题政治化，不遗余力地攻击中国制度、发展模式与价值理念，影响国际舆论走向，毒化中国的外部环境，企图用意识形态对抗定义中美关系，让全世界对中国产生不信任和不安全感。这种互联网安全领域的暗战，实际上就是"中国威胁论"的网络版，也是中美意识形态领域的又一次较量，互联网舆论已经成为国与国之间较量的筹码和利器。

从西方敌对势力利用网络进行"颜色革命"的操弄手法上看，发生在西亚和北非的政治事件也带给我们一定的警示：利比亚从国内政治危机到政权颠覆用了 8 个月，突尼斯和埃及等国家政权被推翻仅仅用了 1 个月，这些事件共同特点就是西方干涉势力通过网络渗透，精心策划议题，煽动本国人民不满情绪，制造共鸣点，点燃国民情绪和心中积怨，引发骚乱，外部干涉势力趁机插手介入，最终导致政权瓦解。审视各地"颜色革命"的各种翻版，不难发现，舆论交锋背后的意识形态斗争与一个国家的前途命运紧密相连，其不仅仅是舆论战场的导火索，也是军事战场的引爆剂，成为点燃民众情绪，实现"不战而屈人之兵"的重要手段。

我国当下正处于社会转型期，社会矛盾交织，政府、军队成为一些别有用心者精心策划的爆点，这种利用网络进行文化心理渗透，激化社会矛盾，最终导致主权国家政治颠覆的全新范式不能不引起我们的高度关注和警惕。

（二）国际传播语境"西强我弱"的政治格局没有发生根本改变

少数西方发达国家凭借自己强大的技术、资本和传播实力，控制着当今世界的信息生产和传播渠道，造成了全球信息流向的极不平衡结构。一方面以美国为首的西方发达国家制定了互联网运行的一系列根本性技术规则；另一方面信息自由流通存在客观上的不平衡，信息的自由流通是互联网能够成为全球信息共享平台的主要原因，但是，我们必须看到互联网信息自由流通规则要求"各国政府不能人为地设置障碍来阻碍信息的自由流通"，这就意味着其他国家政府不能设置障碍来阻碍占据了全球 1/4 IP 资源的来自美国的信息传播，也就使美国在信息传播方面具有了道义与政治上的优势，美国成为全球互联网的主要信息源，表现出强势的单向度输出势头。

据统计，目前美联社、合众国际社、路透社、法新社四大西方主流通讯社每天发出的新闻信息量占据了整个世界全部发稿量的 80%，仅美属传媒集团就控制全球超过 75% 的视频节目制作；BBC、CNN 裹挟着西方意识形态在全球范围内无孔不入。当代国际受众借助于西方媒体了解中国的信息获取率高达 68%，经过其他国家了解中国的有 10%，仅有 22% 的受众从中国媒体了解中国。也就是说，当代中国国际形象的树立并非"自塑"而主要源于"他塑"。[1]

由于中国与西方社会客观上存在着意识形态、价值观念的对立和冲突，西方反华势力对中国的报道，长期充斥着丑化、仇恨、社会黑暗面

---

[1] 微信公众号"解放军报"：《警惕当前我军话语体系建设面临严峻挑战》，2016 年 8 月 13 日。

的恶意歪曲宣传。一些别有用心的西方媒体惯常利用我国重大活动、突发事件、自然灾害等进行意识形态操纵，从选择角度、新闻素材、观点安排都进行"全要素设置"，充斥着西方标准、逻辑和立场。例如，在中美贸易战的大背景下，不时散布"中国威胁论""中国经济崩溃论""中国侵略论""中国搭便车论""中国占便宜论"等，肆意诋毁中国。

在新冠疫情已经发展成为蔓延全球的公共卫生事件，全球急需合作抗击疫情的大环境下，不断对中国进行污名化，屡屡发起舆论攻势。陆续抛出了"中国隐瞒论""中国误导论""中国责任论""中国赔偿论""劣品出口论""口罩外交论"等论调。又如在非洲处于垄断地位的社交媒体网络均为西方资本所垄断和掌控，电视频道也多为直接转播或采信西方传统媒体发布的信息。于是针对中国的各种负面新闻和评论在非洲一些媒体和社交平台推送上反复出现，先有"疫情隐瞒论"，之后进一步延伸出"对非战略机会论"，以及把疫情中中国对非援助也曲解成"弥补责任"和"进一步控制"非洲。这些由西方在背后操纵，有针对性设置议题，偏激性讨论的目的，其内容和指向都远远超越了公共卫生的范畴。

在新冠疫情下，国际的网络舆论集中体现在众声喧哗和中美宣传战的博弈上。伴随着新冠疫情的世界性蔓延，全球互联网舆论生态呈现出以美国为首的西方霸权与中国努力发声并存的局面。这对中国来说，既是展示制度优势和发展潜力的机遇，同时也是应对美国继贸易战、技术战之后的舆论战的挑战。正如中国外交部前副部长傅莹所说："一场世纪博弈的序幕已经拉开，无论中国人是否情愿，都已被裹挟其中……中美关系的更新和调整，必然要经历一个较长时期的艰难博弈的过程，好的结果是不可能求来的，只能通过艰苦斗争、大胆博弈和主动协调来赢取。"①

---

① 傅莹：《新冠疫情后的中美关系》，《企业观察家》2020 年第 7 期，第 74—80 页。

总的来说，我们虽然已经在国际舆论界做了很多工作，但我国的舆论传播资源和能力，还远不及美国。在既有的"西强中弱"这一不平衡的国际舆论场中，中国国际形象塑造的被动性体现得较为明显。美国发动的舆论战通过全媒体、全球化的高密度传播，在短时间内迅速产生影响，因此，我们需要积极采用多元化的舆论手段，增强有效传播能力，改善中国的国际形象，尽最大可能消除美国污名化中国的不利影响。

（三）舆论炒作具有更加鲜明的政治议题性

西方反华势力依靠其对网络技术的垄断，利用网络推行"民主化过程"，通过微博、微信、Twitter、Facebook 等社交媒体，进行文化渗透，加大西方代言人扶持力度，国内一些"公共知识分子"成为西方意识形态的主要传播者、鼓动者、建言者，他们在网上相互呼应，通过文章、视频、漫画等形式大肆传播谣言，煽动网民情绪，破坏国家和政府及执法机关的公信力，矛头直指中国共产党及其政府、军队、社会主义制度，舆论炒作具有鲜明的政治议题性。

2020 年 2 月 17 日，一条"武汉病毒研究所研究员陈全姣实名举报武汉病毒研究所所长"的微博刷屏网络，引发了人们的高度关注。但经查该微博发布的 IP 地址来自境外，是别有用心的境外势力的恶意编造。敌对势力利用新冠疫情的暴发加紧在互联网对我国进行渗透。在新冠疫情暴发之初，网络充斥着大量的个人悲惨事件，隐隐有股势力将天灾下的个人悲剧，说成是政府不作为造成的。他们将方舱医院说成"集中营"，隐去"李文亮"医生是名共产党员的事实，将其塑造成一名体制的受害者，煽动群众不满情绪，意在制造社会恐慌，冲击中国社会稳定，将矛头直指党、直指政府。

随着人民军队由大向强跨越发展，军队成为社会舆论场关注的焦点，同时也成为敌对势力攻击渗透的重点。他们扶植和利用一些所谓网络"大V"，运用"舆论热点＋社会痛点＝新闻卖点"的套路，刻意诱导民众"仇军"情绪，将单个涉军事件上升到诋毁整个军队形象，甚至极力攻击党对军队的绝对领导，大肆歪曲抹黑党史军史，擅自散布涉密信息等。一些不明真相的网民被蛊惑后往往跟风炒作，形成"众口铄金"的局面。

坚强巩固的军政军民关系、人民军队的良好形象等，是境内外敌对势力对我国西化、分化的最大障碍，因而也成为他们兴风作浪、制造思想混乱的主要攻击目标。近年来，境内外反华势力互相勾连，运用其媒体力量，大批量、成系统地制作和推送全媒体信息制品，将西方军队渲染为管理先进、生活愉快、专业水准高的军队典范，将西方国家建军治军的理念和制度安排纳入所谓"普世价值"的范畴之内。2019年美军华裔女兵高某某以加入美军空降兵的经历走红网络，在舆论场产生较强反响，这一事件正是美国对我国进行网络意识形态渗透的典型案例。

另外，敌对势力投入大量资金培植骨干，借媒体评论、新闻跟帖、学术研究、智库交流等多种方式，有组织地发布信息，鼓吹"军队非党化"；境外反华媒体更是"无风也要兴起三尺浪"，阿波罗新闻网、博讯新闻网、倍可亲中文网、大纪元网站、新唐人电视台等仇华反华媒体，无孔不入地制造涉军政治性谣言，将中国军队反腐的一举一动都解释为所谓"党内政治斗争"；对军队形象和军人生活方式肆意加以丑化，企图使民众对军队失去信任、产生不满，消解军政军民团结；实施聚焦到人的"精准攻击"，编织传播"历史故事"，处心积虑否定我军历史上的英模和先进人物，或者对我党我军主张军队加快发展、积极捍卫国家利益的专家学者进行恶意攻击。总体看，反华势力涉军舆论炒作具有鲜明的政治议题性，其大量投放妖魔化我军性质、宗旨、形象的信息，实施意识形态渗透的隐蔽性、欺骗性、危害性、广域性等都大大增强。

总之，网络时代，传播边界变得模糊，在研究舆论环境时，要将国际和国内"互联"起来，国际舆论可能会影响国内稳定，国内传播可能会产生国际舆论效果，尤其是目前我国国内互联网正处在思想氛围较为宽松、舆论思潮较为活跃时期，如果总是让某些群体刻意美化西方、肆意歪曲我党和政府形象、攻击社会主义制度、抹黑和丑化军队的言论充斥网络，必将潜移默化地将受众塑造为西方价值观念的追随者，而一旦网络空间意识形态斗争激烈时，他们就能在公众中煽动怨气和制造痛点，再次上演"颜色革命"。

三、媒介环境：融合下的新变化

互联网数字技术，作为人类有史以来最先进高效的生产力，正推动着舆论传播领域的深度革命。互联网空间在嘈杂、草莽、混沌中演化，在"无序"中摧毁和重新塑造出新的媒介环境。

（一）"新媒体"技术推动下的话语权新格局

所谓话语权，就是人们掌握媒体对文化价值、行为规范进行传播，并影响大众思想和行为的权力。[①]谁掌握了话语权，谁就决定了社会舆论的走向。每一次重大的传播技术和传播介质的革新，都会引起传播格局和话语权的重构。在以报纸、广播和电视为主体的传统媒体时代，由于技术手段的限制，传播方式是一种"我说你听"的固有模式，受众处于被动地位。互联网技术的发展，对传统媒体的传播格局造成冲击，传统媒体开始走入互联网，政府网站、军方网站、主流媒体网站、地方商业网站等纷纷搭乘互联网快车，进行话语权的重构。

---

① 金波：《传统媒体话语权三问》，《新闻实践》2013年第2期，第7页。

然而，随着移动网络技术的发展，手机在2014年成为中国网民上网的第一终端，移动网络发展使得信息传播和观点交换能够随时、随地、随兴发生，与手机联系紧密的微博、微信等社会化新媒体应用呈现骤升态势，数以亿计的受众向网络新媒体转移。微博、微信、微视频（短视频）、新闻客户端，简称"三微一端"，目前成为最常用的信息和资讯交流互动的平台软件，对社会舆论议程产生强大的影响。新媒体兼容整合了各种媒体形态，冲淡了主流传统媒体话语权，塑造出新的媒体传播竞争格局。

　　如今，网络舆论场已经成为不同意识形态、政治立场、价值观念激烈博弈的新领域。如何面对"新媒体"技术推动下的话语权竞争新格局？习近平总书记在党的新闻舆论工作座谈会上的讲话，提出要切实提高党的新闻舆论传播力、引导力、影响力、公信力，再次吹响了主流媒体战斗的号角。中央全面深化改革委员会第四次会议提出了全面推动传统媒体和新兴媒体融合发展的战略。在这一战略思想指导下媒介融合加速发展，各大主流媒体加快融合转型升级，纵深发展。传统主流媒体纷纷进驻"三微一端"平台，在微博、微信上开设公共账号，强化自己的声音，无论在粉丝数、订阅数，还是信息点击数、转发数、评论数等足以成为其中重要信息传播的节点。

　　目前，一批初具融合机制、竞争能力的新型媒体脱颖而出，融合发展全面提速。新闻客户端成为用户获取新闻资讯的首选工具，针对舆论热点和受众特点，中央媒体一马当先，地方媒体不甘落后，各大媒体整合优势资源，技术创新、分类包装，快速生成别具一格的新闻产品，《人民日报》、新华社、央视新闻等客户端用户已达亿级，部分地方主流媒体用户也达到千万级，形成了立体型、复合型、融合型新闻，覆盖广、速度快、效果好，成为移动媒体互联网时代的新宠儿。随着互联网技术的动态发展，如何顺应形势，抓住契机，有力占据网络舆论阵地，在技术对接、经营理念、运营机制、管理手段、个性生产、智能分发上仍值得更多探索。

相信无论时代怎样变化，不管是转型中的传统主流媒体，还是含着互联网时代"金钥匙"出生的新媒体，提供最准确的知识和思考、最真诚的道德和责任，永远是媒介生命力的源泉。

（二）"两个舆论场"之间的离散和整合

所谓"两个舆论场"，简言之就是指官方和民间两个舆论场。在近几年发生的一些热点公共事件中，我们都能感觉到以主流媒体为代表的"官方舆论场"与以互联网自媒体平台草根民意为代表的"民间舆论场"在意见、倾向、态度之间存在差异，甚至有时出现明显对立的意见表达。

"民间舆论场"挑战着主流媒体权威叙事能力。新媒体技术的高速发展，推动着各种社交软件的日新月异，互联网论坛、社区、QQ、微博、微信、短视频等"民间舆论场"成为网络各种媒介交流平台的试验场。而微博、微信的成功上线，使大众传播实现了从精英传播走向草根传播。微博除了能够对主流媒体新闻报道进行内容上重点议题重设、观点上完成自我解读之外，其内部的信息流动，更加强了它们对于主流媒体机构权威叙事的挑战能力。

要认真对待和辩证分析"微博大 V"的积极和消极作用。在微博领域，用户身份通过微博平台验证为真实身份，其账号右侧会出现加"V"图标，真实身份在虚拟的网络社会中能够获得相当高的可信度和影响力，尤其是一些名人、知名学者、社会精英开设的微博，当其粉丝达到一定数量级，就成为所谓加"V"的"微博大 V""公众人物""意见领袖"。在互联网粉丝经济的带动下，拥有众多粉丝量的"人气大 V"更容易实现各种利益和价值的转换，这也是为什么微博中总会出现为博眼球，加粉丝关注的各种夸张表现。应该看到，"微博大V"的主流是好的，他们针对社会热点、公共事件、各行各业发展中的现象和问题提出独到的见解，进而对网上舆论产生较大影响，促进网上舆论健康多样化发展。但是也有部分微博"意见领袖"立场和价值偏移，装扮自己仿佛占领道德高地，实际上却是哗众取宠，用浮夸的语言吸引粉丝的追捧，用编造的谣言迷惑公众，恶化着网络舆论生态，导致了"两个舆论场"的离散。

"两个舆论场"离散的消极影响不容忽视，它事关国家主流意识形态的阵地问题。以主流媒体为代表的"官方舆论场"，关注的是社会文明进步，传递的是主流社会价值文化，对社会的健康有序发展起着重要的舆论引领作用。"民间舆论场"虽然有其积极的社会价值一面，但是在当今社会转型期的复杂生态下，互联网经过十几年的"众声喧哗"式的发展，互联网上持各种观点的网络"意见领袖"将大批粉丝网民裹挟其中，形成和聚集了一股反体制、反社会的负能量，引领着声势浩大的网络论战。如针对反腐和深化改革的主旋律，一旦出现在网络，无不被他们打上不被信任不被认同的标签，刺激着网络舆论的乱象丛生。

"两个舆论场"的离散，实际上是一种亚健康的舆论生态，反映出社会"亚文化"的蔓延与社会主义文化主流价值观的张力和博弈。研究表明，如果"两个舆论场"重叠越多，社会共识就越容易形成，舆论引导就越成功；如果两个舆论场各吹各的号，各唱各的调，就说明主流媒体的价值观有丧失舆论影响力的危险。

如何整合"两个舆论场"，实现"两个舆论场"的良性互动？从本质上说，社会主义"两个舆论场"并不是一对矛盾体，而是应该相互补充、相得益彰，从而构成一个完整的社会舆论场。在媒介融合的大背景下，主流媒体必须习惯并尊重网络"受众"在传播现实中正在上升的参与地位，在身份上保持各自的特性，而在目标和行动上趋向一致，应该建立两个"二元"互动、平衡的分析模型：一是以公共利益为最大公约数的分析模型，提高舆论议题设置的融合度，理顺监督与被监督，引导与被引导的关系，在追求正向效果的条件下达成服从管理与主动作为的动态平衡；二是以满足知情权为最大公约数的分析模型，"官方舆论场"不能要求和等待"民间舆论场"与自己保持一致，而是要反映民间的呼声，积极回应"民间舆论场"的关切，最快满足公众知情权，在疏解社会情绪的要件传播过程中达成单向传播与互动交流之间的动态平衡，以此提高舆论引导的针对性和有效性，从而推动政府与媒体密切合作、媒体与受众的双向互动，逐步实现"两个舆论场"的良好交融。

近年来，主流媒体发生了很多积极变化，减少了政府视角、领导视角、成就视角，增加了新闻视角、百姓视角、生活视角，呈现出前所未有的新变化、新气象。主流媒体新闻栏目的专业性、提示性和服务性进一步加强，改变居高临下政治教化、成绩宣传的僵硬面容，不断提高亲和力，拉近与人民群众的生活距离、心理距离和感情距离。

另外，随着对互联网新技术新应用的监管力度加大，对各种有害信息和网络谣言的整治清理，网络舆论场一改前几年被动的局面，表现出爱国言论开始占据主流的态势。网民能够自由地发表爱国爱党言论，不再受到嘲讽和攻击，主流意识形态得到进一步巩固。特别是新冠疫情暴发后，事实教育了大多数网民。在抗击新冠病毒的过程中，党和政府坚持以人民为中心的发展思想，始终把人民群众生命安全和身体健康放在第一位，采取有效的防控措施，尽最大可能挽救更多患者。信息的全网传播，全面对比了西方国家各种社会问题，他们宣传的所谓的制度优势、文化优势的面纱被掀开。通过比较，中国体制的优越性得到彰显，社会主义制度得到更多人的肯定，主流意识形态得到更多认同，马克思主义在意识形态领域的指导地位得到进一步巩固。而一些昔日活跃的所谓反体制的民主斗士"意见领袖"日渐式微，国内社会舆论格局处于重塑中，网上舆论生态持续向好，形成舆论引导新格局。

总之，整合"两个舆论场"的导向是用主流思想凝聚共识，实现良性互动。主流媒体争取主动作为的同时，还必须在公共利益的前提下引导好舆论走向，这是主流媒体媒介融合的战略任务。

（三）"舆论盛宴"下网络主渠道对亚秩序的规正

传播技术的变化，带来了传播规则的变化。传统媒体信息传播是"我说你听"模式，由电视、报纸为代表的传统主流媒体主导，通过专家、学者等社会精英对事件进行分析、解读、诠释，引起社会公众关注。新媒体时代则改变了信息的传播途径，"事件"是由全体网民彼此呼应、共同参与、共同制造出来的，脱离了传统信息传播模式中由某些传播主体机构进行主导的过程。因此，网络传播秩序颠覆了传统信息流动的单向模式，表现出极强的互动性、参与性、草根性。

然而，新的良性传播秩序并不会伴随着网民的自主参与和去中心化而自然产生。互联网经过多年的自由发展，面临的现状是网络舆论事件被各路舆论推手操纵，甚至表现为各种网络闹剧以网民集体狂欢形式上演。网络言论自由并不会自动形成一种自律秩序，而是在无序的自由表象之下表现出一种亚秩序的秩序，反公共权威又力图确立公共权威之外的权威，这种亚秩序的网络舆论秩序影响着网络舆论生态系统的良性运作。

首先，管理的无序使网络缺乏规矩。一方面快速发展的网络传播技术，使网络传播和监管立法相对滞后，现行网络法规和制度并不能提供有效的规范，滋生出巨大的管理真空地带；另一方面移动网媒巨大的整体规模与空前的传播效率，快餐式的语境氛围，在裂变式的传播过程中极易丢失和歪曲事件全貌，放大了局部，极易遮蔽主流，而扩大非主流的影响力。

其次，引导的无序使网民迷失了思想。在网络里任何团体、个人都可以自由传播各种思想，尤其是一些论坛、微博中所谓网络"公知""大V"具有相当的影响力。面对海量信息的不断轰炸，相当多的公众都缺乏驾驭这些信息风暴的能力，处于一种盲从状态，这也是"沉默的螺旋"理论所概括的状态。

最后，规范的无序使网民放纵了行为。社会变革期，网民理性难以抵挡海量信息的狂轰滥炸，也难以运用好网络舆论自由的工具，仅靠网民的道德，还不足以弥补网络法律制度不足留下的真空地带。由于这些无序的存在，加之网络管理的不规范，网络违法的低成本及利益的驱使，助长了网络谣言、网络暴力的滋生和良知的丧失。

如何规正网络亚秩序的无序发展？网络失序的乱象是当今国家治理的重大命题，网络失序的问题是社会性的，对互联网的治理必须是系统性的。

一方面，对网上违法违规现象，加强依法治理。网络世界绝不是"法外之地"，依法治网是我国党和政府全面依法治国战略在互联网领域的重要实践。为了适应互联网快速发展的局面，我国形成了以行政规制为主的互联网治理，这种治理方式一是灵活，二是精准，如国家互联网信息办公室出台系列部门规章，能做到相应的迅速迭代，该立新就立新，该纠正就纠正，该清理就清理，能较好地避免立法的滞后性。国家网信办在2014年后加大治理力度，依法依规持续整治网络乱象，设立各种网络不良信息举报平台，严厉打击网络造谣和传谣者，对某些网络"大V"违规行为进行约谈、警告和关闭账号处理，同时抓捕了一些所谓的"网络揭黑名人"并追究其法律责任，这一系列重拳出击对遏制网络舆论生态恶性发展起到重要作用，网络舆论生态出现积极向好变化趋势。当然依法治网不能永远停留在部门规章的阶段，真正解决依法治网的问题，还需要上升为国家立法。2016年《网络安全法》出台，历时两年三审，于2017年6月实施。《网络安全法》对于我国互联网领域法律体系的意义极为重要，它不仅填补了我国网络安全领域基础性法律的空白，更重要的是，它将此前分散各处的相关法规条款整合为一体，并且为今后继续相关立法或制定相关管理条例细则等划定了较高的起跑线。《网络安全法》的实施，真正让我国互联网步入"依法治理时代"。2018年10月，有关部门对自媒体的监管进一步收紧，中央网信办等针对自媒体领域的一系列乱象开展集中清理整治专项行动，一次性处置了9800多个自媒体账号。微信、新浪微博等自媒体平台被中央网信办约谈。2020年11月5日，国家网信办依据《网络安全法》《网络信息内容生态治理规定》《移动互联网应用程序信息服务管理规定》等法律法规，对移动应用程序信息内容乱象进行持续整治，清理下架105款违法违规移动应用程序和8家应用商店。2021年10月，国家网信办开展"清朗·互联网用户账号运营乱象专项整治行动"，对违法违规"头部账号"依法予以惩处。12月，又在全国范围内开展"清朗·打击流量造假、黑公关、网络水军"专项行动。国家网信办将继续与社会各方共同努力，营造清朗网络空间。

另一方面，多元合唱，各类主体共同参与维护主流意识形态。近年来，舆论生态出现积极向好变化态势，一个重要原因，就是在舆论引导方面，国家积极推进"三驾马车"：政务新媒体、传统主流新媒体和草根正能量自媒体。政务新媒体、传统主流新媒体承担移动互联舆论场"权威信息源"角色，及时充分公开真实信息，积极回应和引导舆论，挤压负面和不实信息生存空间。以往作为"沉默大多数"的普通网民们，话语权意识和言论素养不断提升，加上草根正能量自媒体的振臂高呼，越来越多的普通网民打破沉默，积极发声，主动维护主流价值观，自发在网上与危害国家利益和公共利益的言行开展斗争。同时，对互联网平台企业进一步明确权利和义务边界，加强自我监管和行业自律，落实平台主体责任。随着政府部门监管、互联网企业平台自律、网民监督的合力，以及互联网治理长效机制的建成，多元共治、健康发展的良好网络生态态势正在逐步形成。

（四）"媒介分层"下价值多元的核心引领

媒介分层是随着信息传播技术发展带来的媒体发展多元化的一种现象，是媒介对于受众日益增长的多样化的媒介需求所产生的市场反应。市场经济下社会分工越来越细，受众对于信息的需求也向个性化、多样化发展。为适应发展需要，媒介从大众传播向分众和小众传播演进。随着媒介分层的产业化、商业化、集团化的趋势，一些媒体重视的是市场利益，偏离了满足公民知情权、舆论监督权的使命价值。

值得注意的是，一些媒介价值取向在受众本位和多元化的基础上将"向公众提供他们想要的东西"这一媒介原则演变成"一味地投其所好"的趋势。这是中国媒体在经济上遭"断奶"而走向市场后，为迎合受众需求，赢得更多收视率、点击率并赚取更多的经济利益，开始逐步走上了偏离承担的社会责任，追求利益最大化的"娱乐至死"道路。因此，可以看到的现实情况是，"标题党"满足着喜欢刺激猎奇的人；"娱乐化"满足着喜欢明星八卦的人；"反转新闻""乌龙新闻"满足着喜欢揣度和想象的人等。在如今信息过载的时代，这些无聊化和浅俗化的无原则性迎合，看上去始终站在客户端，实际上不可能因为迎合的"功力深厚"而获得持久传播力，所以直接导致的后果就是整个媒介公信力和影响力的下降。尤其是一些涉军、涉警、涉国家公职人员的信息及事件，由于具有高度政治性、保密性和敏感性，满足了人们猎奇、窥探的"欲望"，契合了当下媒体"吸眼球"，提升点击率的价值追求，也就有了恶炒、恶搞等现象频出的媒介土壤。

事实证明，每一次传播媒介的改变，都会带来社会思想的重大变迁。媒介分层颠覆了传统主流媒体的生存环境，主流媒体原创的独家优质内容得不到有效传播，新媒体传播渠道又难以控制。因此，仅靠拼点击、博眼球的趋利创新，远不能解决互动时代媒介价值问题。

如何在"媒介分层"价值多元的环境下，充当主流，引领核心？关键是要构建新的媒体评价体系，以科学评价体系促进媒体融合健康发展。要重视建设主导和引领层化的新型主流媒体，消解媒介分层的负效应。

首先，牢固树立兼顾经济效益和社会效益的同时将社会效益放在首位的评价体系。我国新闻媒体是党和政府领导下的媒体，其优势就在于用先进的思想文化引领社会，因此不能够只顾经济效益。当下一些媒体盲目参照国外一些国家新闻媒体评价体系，唯点击量、收视率论英雄，淡化了承担的职责和使命，这是导致一些媒体乱象的重要原因。为促进媒体融合健康发展，亟须构建中国特色媒体评价体系，媒体评价体系要考察媒体的综合实力、整体水平，不能只突出一些经济指标，重经济指标、轻社会效益，而应二者兼顾并把社会效益放在首位。

其次，构建"你就是我、我就是你"的媒体形态，消解媒介分层的负效应。主流媒体要实现深度融合，必须打破原有的内部体制、机制和结构，深化体制机制改革，拓宽传播平台载体，按照"移动媒体优先、采编发流程再造、'中央厨房'突破、全媒人才培养跟进"的思路,科学、有序推进。例如《人民日报》利用大数据技术全面对接"中央厨房",中央电视台着力打造自有移动媒体平台,新华社用全媒产品覆盖全网终端等,一个个跨部门、跨媒体、跨平台的新型媒体架构正在形成。

再次,打造承载主流和社会主义核心价值观的优质品牌,引领思想文化繁荣的新格局。主流媒体是舆论引导的主力军,影响巨大,作用不可替代,不管媒体格局怎么变化,主流媒体的定位和导向不会变、品牌和优势不能丢。一方面,主流媒体所创办的各类客户端、微信公众号,其名称应当与母体保持相关联系,就像《人民日报》办人民网、新华社办新华网,这是壮大主流媒体品牌的需要,更是占领宣传思想文化阵地的需要。另一方面,内容为王,创新优质新闻内容。优质内容是媒体的立身之本。发达的网络使每个人都处在信息过载的环境中,主流媒体在融合的过程中要遵循新闻传播规律,重点在"准""新""微""快"上下功夫。"准"就是要恪守新闻真实性原则,为受众提供真实客观、观点鲜明的信息内容;"新"就是要创新内容表达、丰富呈现形式,推出各类形态的新闻产品,如可视化新闻、互动新闻、听新闻等,做到人无我有、人有我优;"微"就是要多提供短小精悍、鲜活快捷、"微言大义"的信息,善于运用微博、微信、微视频推出更多微内容,方便人们利用碎片化时间阅读;"快"就是要抢占第一时间、第一落点,即时采集、即时推送,快速做出反应、迅速送达用户,在传播中抢得先机。

最后,依法打击挑战和叫板主流意识形态和社会主义核心价值观的恶俗行为。目前围绕主流媒体的网络乱象包括:主流媒体文章屡屡被少数网站篡改,严重歪曲文章原意,存在"正题歪做违反正确导向""无中生有违背新闻真实""断章取义歪曲报道原意""夸大事实引发社会恐慌""格调低俗败坏社会风俗"等。为进一步净化网络舆论环境,引领核心价值内容,打击乱改标题、歪曲新闻原意等恶俗行为,国家网信办联合相关部门开展了多次专项整治行动,依法处罚了新浪、搜狐、网易、凤凰、焦点等存在突出问题的网站,进一步督促互联网企业履行主体责任,履行网上信息内容"把关人"义务,并对互联网新闻信息标题制定了专门规范。为了发动更多网民参与监督举报,国家网信办违法和不良信息举报中心在官方网站专门设立举报专区,并针对广大网民反映强烈,举报集中的重点环节、重点内容开展"清朗"系列专项行动,如"违规微信公众号专项整治""网络生态问题专项治理""打击利用云盘传播违法违规信息专项行动"等,目前已形成日常监管与专项行动相结合的常态化管理模式。

总之,相信无论时代怎样变化,不管是转型中的传统主流媒体,还是含着互联网时代"金钥匙"出生的新媒体,提供最准确的知识和思考、最真诚的道德和责任,永远是媒介生命力的源泉。

四、社会人文环境:开放多元

人们的意见和态度不是凭空产生的,网络舆论生态的形成是现实社会人文环境的反映,无论其作用积极与否,网络舆论的形成和最终走向,都与现实社会的发展走向和内在矛盾有着直接关联。伴随着公众民主意识不断"觉醒",提升了社会个体与公权力的对话与博弈能力,而社会转型期民众社会心态的"失衡",人文精神的"空场",使网络生态的社会人文环境呈现出非主流、非理性的狂欢和世俗的表达,这在一定程度上影响着主流价值观念的价值地位。因此,如何才能扭转这一趋势成为值得探讨的课题。

（一）社会转型期个体与公权力对话与博弈的新格局

在社会转型期，政府"民本位"执政理念酝酿了广大民众说出心声的民主土壤。近年来"网络问政""微博议政"，微博、微信中"国家队"影响力不断递增，可以说政府推动社会管理的民主化、公开化进程的主动作为，触动了整个社会"民本位"思潮的萌动。伴随着公众民主意识不断增强和践行，释放出了一股巨大的社会能量。

尤其近年来网络新媒体的社交化、移动化、视频化趋势日益加深，"三微一端"（微博、微信、微视频和客户端）拥有数以亿计的超大用户池，这些新媒体表达工具成为传递原生态民众态度倾向的重要意见表达渠道。从针砭时弊、舆论监督到爱国热情、民族精神的表达，网民越来越成为一支推动中国社会民主化的不可忽视的力量，同时这支力量也增强了社会个体与公权力对话与博弈能力。尤其是新媒体所具有的互动性、虚拟性、无边界等特性，使网民普遍拥有参与心理、个性化心理、匿名心理。参与心理意味着网民自主性心理增强，也意味着网上信息内容的多元化与复杂化；个性化心理体现出网民个体可以更加自由地选择自己喜欢的网站、信息和服务，意味着看什么还是不看什么，网民自己有一定的决定权；匿名心理使网民发言更加不受约束，意味着可能会使一些网民失去社会责任感和自我控制的能力。网络舆论的言论自由表达和情绪发泄更好地满足了公众情感和意志的需求。在言论自由旗帜下，社会思想观念和价值取向日趋活跃，主流和非主流同时并存，先进的和落后的相互交织，社会思潮纷纭激荡。

如何面对社会转型期个体与公权力对话与博弈的新格局？习近平总书记曾用"三个地带"归纳当前思想舆论领域的格局，他指出：思想舆论领域大致有红色、黑色、灰色"三个地带"；红色地带是我们的主阵地，一定要守住；黑色地带主要是负面的东西，要敢于亮剑，大大压缩其地盘；灰色地带要大张旗鼓争取，使其转化为红色地带。①围绕加强网络空间治理、建设网络良好生态，中央出台相关战略纲要、发展规划、指导意见，基本确立起网络空间治理的"四梁八柱"。当前，主流媒体主阵地作用得到发挥。主流媒体以导向引领、渠道拓展、流程再造、组织优化、体制机制改革为着力点，大力加强内容建设、推动媒体深度融合，传播力、引导力、影响力、公信力显著增强，网上"风向标"作用彰显。《人民日报》、新华社、央视新闻等客户端用户已达亿级，部分地方主流媒体用户也达到千万级，形成了立体型、复合型、融合型新闻，在唱响时代主旋律、引导网上舆论方面发挥了"定音锤"作用。针对社会热点形成的网上质疑网下跟风的唱衰、攻击社会制度的负面言论，主流媒体敢于亮剑、为民发声、引领舆论，起到了"压舱石"作用。这两年，主流媒体通过内容建设、渠道拓展、平台入驻触及更多网民，起到了巩固扩大红色地带，亮剑黑色地带，积极主动争取灰色地带的效果。

习近平总书记指出，形成良好的网上舆论氛围，不是说只能有一个声音、一个调子，而是说不能搬弄是非、颠倒黑白、造谣生事、违法犯罪，不能超越了宪法和法律界限。我们不搞网络"清一色"，但必须让正能量成为主色调、占绝对优势。这两年管理部门监管力度不断加大，网站发布明显违法内容的现象明显减少。

（二）社会转型期民众社会心态的"失衡"与规正

转型时期是社会利益结构重大调整时期，社会的剧烈变迁引发人们心理层面的焦虑和价值观念的嬗变，从而使社会心理出现某种程度的"失

---

① 习近平：《在全国党校工作会议上的讲话》，《求是》2016年第9期，第10页。

衡"状态。从社会心理学的视角分析，有以下几种心理。

相对剥夺感：根据相对剥夺理论①，相对剥夺感往往产生于个体或群体之间的比较。在我国的社会转型期，可以从两个方面揭示人们是否正在沦入相对"剥夺"地位，一是人们是否得到了期望得到的改革收益；二是人们是否丧失了传统社会条件下的既得利益。在剧烈的社会震荡中，普通人大都经历着传统社会条件的解体，新的社会条件下的不稳定、不适应。军队、警察、国家公职人员作为一个相对有保障的稳定群体，享受国家政策优待，自然就成为某种参照系，映衬出普通人被社会"剥夺"的情绪，部分网民把待遇和权利的不对等发泄到这些特殊群体上。特别是那些有违公众心理期待，不符军人、警察、国家公职人员身份和公序良俗的个别案例，经过所谓网络"公知""意见领袖"呼风唤雨，敌对势力和异见人士推波助澜，在网上非理性情绪和非正常秩序推动下，被迅速放大蔓延，出现"波及无辜"，捆绑批判整个群体的现象。

社会挫败心理：网络舆论的形成是一种社会群体行为。改革开放不可避免地带来利益的分化，形成了代表不同利益阶层的人群分化，在社会不断"进步"的过程中，一部分人认为自己的人生每况愈下，充满失意和挫败感，这种挫败感是群体行为的催化剂，对于网络舆论来说是一种负能量。据中国互联网络信息中心最新调查数据，我国网民的主要群体为10～39岁，比例达51.8%，②而网民收入在3000元以下，处在社会底层的年轻人，常常是网上的活跃分子，由于年龄、经历、阅历、收入的限制和差距，失意和挫败感强烈，在网上发表的言论往往容易极端

---

① 相对剥夺理论由美国学者斯托弗提出，后经默顿的发展，成为关于群体行为的理论。是指当人们将自己的处境与某种标准或参照系相比较而发现自己处于劣势时所产生的受剥夺感，这种感觉会产生消极情绪，可以表现为愤怒、怨恨或不满。
② 中国互联网络信息中心：第47次《中国互联网络发展状况统计报告》。http://www.cac.gov.cn/ 2021−02/03/c_1613923423079314.htm。

化、情绪化，甚至以反主流、反权威、反体制的姿态博得关注，极易受到敌对势力煽动和利用。

外部归因和内部归因心理：人们都有一种倾向，把自己的失败归咎于自身以外的原因而寻找合理的解释，哪怕失败主要是由自己的能力、性格、行为等个人因素造成的，这种现象被称为"外部归因"。相反，成功者哪怕成功的因素是多方面的，但其更愿意相信自己的成功是源于自己的优秀，这种现象就是"内部归因"。网民在网络舆论交流过程中会达成一种共识：把自己的挫败、失落感归结为社会、政府和制度造成的，并认为社会上的一切不良问题和现象归根到底都是政府的问题、体制的缺陷。反映在网络舆论上的表现就是发泄大于理性，反社会倾向、群体盲从与网络暴力随处可见。

网络上问题丛生实际是现实社会的反映。在高速转型和利益重组的中国，社会分配公平机制有待深度调整，不同利益集团之间的排斥性、对立性倾向进一步凸显，社会分层断裂化、固化趋势不断显现。由于贫富分化的加剧，在大多数社会群体中产生极大的相对剥夺感和社会挫败感，形成一种"底层意识"的黑色社会情绪，导致社会心态失衡。这种情绪又使得大多数社会成员将贫富差距和自身的"底层"处境归因于权力腐败、制度缺陷。一些带有某种偶然性的地区性、局部性问题，往往变成全民"围观"的公共话题。一些突发事件只要涉及官员、城管、富人、军警或者农民工等弱势群体，即可迅速引爆全国舆论，"逢官必贬""遇富即骂"成为网民发泄不满情绪的普遍心理。而且，当前社会仇视心态出现质化，一是社会仇视心态指向由个体转变为群体，呈现出社会阶层之间的相互对立与抵触；二是社会仇视心态的强度、烈度日益加强；三是社会仇视心态演绎成"没有共识的社会"，具体表现为阶层之间的相互不信任和形象的标签化。这种不良社会心态的不断蔓延，引发了民众对政府的不信任和对立情绪。这是近年来社会舆论，特别是"民间舆论场"走向"极化"的心理层面的原因。

如何扭转民众心理层面的焦虑和价值观念的嬗变，调适和规正民众的"失衡"心态？面对价值多元、利益多元的新形势，习近平总书记强调，凝聚共识工作不容易做，大家要共同努力。转型时期，公正的社会制度、健全的社会保障体系、完善的社会政策都不是一蹴而就的，因此社会心态的不平衡将会在较长一个时期持续存在。面对这样的客观环境，化解民众对政府的不信任情绪，疏导民众对权力仇恨的情绪，责任在政府。

首先，政府公权力部门要做到的就是态度真诚。政府必须要用真诚的态度倾听民意，以真诚的态度开启政府与公众的对话，不满情绪才有可能化解。"为党说话还是为群众说话""我给你鉴定是听不懂话""与政府作对就是黑社会"等官场雷语，雷倒的是政府的信用、官员的形象和社会的和谐秩序。

其次，真实的话语是根本。"讲真话"是公信的第一金律。尤其是在突发事件和危机事件中，只有真诚负责，讲真话，用权威声音贴近现场、核准事实、把握重大议题、积极传播真相，才能去引领舆论方向，才有助于事件解决，才有助于降低事件本身的可炒作性。

最后，大数据时代，数据成为生产资料，如果善于搜索分析数据进行社会洞察，并在此基础上更准确地把握网民社会心态，将有助于舆论引导的科学化、精准化、专业化。《中国社会心态研究报告》（2017）显示，中国人的幸福感总体处于中等水平，主观社会阶层越高，幸福感越强；获得感处于中等略高，总体上随阶层上升而上升，上层获得感略低于中上层；对国家认同最高的是中层，其次是中下层，下层略低。数据分析，中层网民正在成为今天网民结构中的主流阶层，是中国最稳定的凝聚社会心态的主力结构。对主流媒体而言，需要通过理性、专业的报道来强化中层群体对社会的正确认知及平和心态，让中层网民成为连接上层和下层凝聚社会共识、培育理性积极网络心态的主力军。[1]

据 2017 年"百度沸点"基于每天 60 亿次搜索请求数据分析，评选"十大国民骄傲"，从国产客机、海域"可燃冰"试采、"复兴号"高铁、一箭三星发射、女排再夺大冠军杯、《战狼Ⅱ》热映、国产航母下水等事件中，可以看出网民积极心态的形成与国家认同、民族认同的情感提升。2019 年围绕"中华人民共和国成立 70 周年"，中央与地方各级主流媒体、各级党政机关及各大互联网平台紧密积极策划，网民的参与热情空前踊跃，正面情感、民族自豪感被极大地激发出来，起到了积极的传播效果。2019 年 7 月 1 日至 10 月 6 日腾讯指数平台的统计结果表明，全网新闻网站、新闻客户端、微博、微信公众平台等与"中华人民共和国成立 70 周年"主题相关的信息约 2.5 亿条，体现出热度高、话题广泛等特点，如图 3-3 所示。

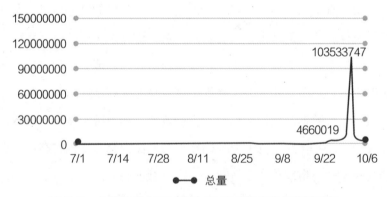

图 3-3　中华人民共和国成立 70 周年全网信息传播趋势

（注：如非特别标注，本报告数据统计范围皆来源于微信公众平台、微博、新闻网站及客户端、新闻评论等公开场景数据；数据统计时间：2019 年 7 月 1 日至 10 月 6 日。）

---

[1] 王俊秀：《中国社会心态研究报告》（2017），社会科学文献出版社 2017 年版，第 12 页。

大数据分析显示，2019年7月1日至10月6日，网民对"中华人民共和国成立70周年"相关话题的讨论持续高热。主流媒体跟进报道中华人民共和国成立70周年庆祝大会、国庆阅兵式、国庆群众联欢活动相关情况及亮点，引爆舆论，全网相关信息过亿；新中国成就等话题成网民关注热点；国庆档三部大片《我和我的祖国》《攀登者》《中国机长》传播效果"超燃"，助推爱国舆论热潮；爱国歌曲激荡网民情怀，《我和我的祖国》歌曲引追捧；"中国梦""致敬中国军人"等主题讨论正能量充沛；女排十一连胜夺冠被网民称为"送给祖国的生日礼物"，连带"中国精神"相关讨论随之升高。此外，"共和国勋章"、中华人民共和国成立70周年纪念币等亦是网民关注热点，如图3-4所示。

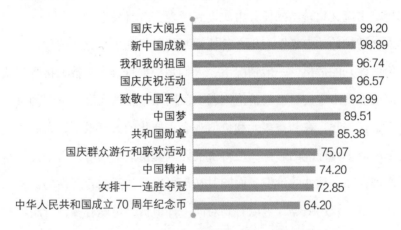

图3-4　中华人民共和国成立70周年相关话题热度指数

（注：如非特别标注，本报告热度指数系将微信公众平台、微博、新闻网站及客户端、新闻评论等相关信息总量进行指数化，得到百分制的话题热度指标；数据统计时间：2019年7月1日至10月6日。）

总体而言，"民间舆论场"走向"极化"的心理层面正在扭转，社会心态向上向好发展趋势正在形成。但是也要看到，积累的社会矛盾不是一朝一夕可以解决的，从根本上说，进一步创新改革社会治理和加强国家治理现代化，真正把社会冲突化解、社会问题解决，网络社会心态才能真正趋于理性、积极、平和。

（三）主流文化对人文精神"空场"的担当引领

中国的社会转型是全方位的变革过程，尤其是促进社会最深层的人文精神的变化。目前，我们有太多的文化精神，古代的、现代的、东方的、西方的文化同时包围和挤压着人们的价值判断，却没有哪一种能成为主导性的文化精神，社会转型期呈现出人文精神的"空场"。传统文化模式的失语，新的社会主义和谐文化仍在实践中继续探索和完善，从而引起新旧文化模式和东西方文化精神的冲突。换句话说，这种文化冲突把传统主流文化转型的任务再次提到了现实的日程上。

人文精神的"空场"表现在价值评判的危机和生活方式的危机。

价值评判的危机。一般情况下，人们是根据符合大多数人接受和认可的道德准则来定位自己的价值判断。而网络平台的发展将不同的价值标准汇聚在一起，在利益多元和价值观念多样化的大背景下，人们受到双重标准或多元标准的影响，使得价值评判变得模棱两可，似乎任何一种标准都存在合理性的价值，而同时又都可以找到反向合理性的价值。因此，网络上众声喧哗，可以看到对同一件事情，可能有多种看法和意见，甚至这些看法和意见是完全对立的。究竟选择什么，怎么选择，给人们带来相当大的困惑。

生活方式的危机。生活方式是一个民族或国家在政治上的特色和经济上实力的体现，而且也可以看到一种文化的兴衰和特性。①当前，我国正在融入一个属于世界经济体系的消费社会，在西方消费主义文化

---

① 吕艳：《浅谈当代资本主义文化危机》，《高校理论战线》2004年第10期，第55页。

的影响和支配下，以追求享乐主义和对物品的绝对占有为追寻目标。文化评论家卢卡奇认为：消费文化是一种"肯定的文化"（affirmative culture），它为社会提供一种补偿性的功能，它提供给异化现实中的人们一种自由和快乐的假象，用来掩盖现实中的真正缺憾。幸福被等同于消费，幸福的"大小"取决于消费物品的"多少"。①由于金钱和物质利益成为重要的生活支撑，利己主义、拜金主义、享乐主义开始盛行，"消费"成为现代社会的主要追求，电影明星、歌星以及奉行享受哲学的人成为青年人效仿的对象，服饰、音乐、字画都证明了行为者在社会中所处的位置和等级。而那些习惯于节俭的人却被贴上贫穷、失败的标签被嘲笑和边缘化，消费主体已经构成了现代主体不可分割的部分。人们在付出劳动的同时期望占有更多的财富，义利并重的价值取向正在逐步取代重义轻利的倾向。人情冷漠、利益至上、盲目攀比，传统道德和美德被边缘化，出现道德"滑坡"现象。

西方消费主义文化对青少年的生活方式的影响和塑造更为凸显。目前一部分年轻人为了满足自己过度的消费欲求，或从父母处攫取，或透支自己的薪水，甚至通过非正当途径来满足自己的消费需求。炫耀、崇洋、攀比成为一部分年轻人的"正常"心态，甚至逐渐成为一种生活态度和人生处世哲学，比如网络上郭某某炫富就是这一范式的代表。而网络社会中各种博眼球、求成名的极端招数实质上都有追逐名利的驱动，体现出其价值观念的扭曲。在功利的光环中，这种心态容易恶变为极端功利和无价值判断、无道德底线的思想混乱，如果这些与我国传统道德价值观念相去甚远的思想意识和行为方式在社会上盛行，必然会消解中华民族优良传统的思维和行为模式，它将不利于青年人的身心健康，导

---

① ［美］埃利希·弗洛姆：《健全的社会》，中国文联出版社 1988 年版，第 330 页。

致他们精神境界的空虚无助。

　　主流文化如何在社会转型期人文精神"空场"的环境下，充当主流，引领核心？

　　马克思指出，在未来社会"人以一种全面的方式，也就是说，作为一个完整的人，占有自己全面的本质"①。消费应该是满足人类多方面需要和享受的一种手段，而不应该是目的。随着生产力的发展和消费导向的正确引领，理想的消费文化应该是以人为本，不断提高消费品、消费生活和消费环境中的文化含量，促进人的全面发展。因此，我们在面对转型期人文精神"空场"带来的迷茫时，还应该看到社会发展的现代性带来的积极因素。数字化大数据时代带来了科学的理性精神，人的数字化生存、消费的数字化合理引导、社会管理的数字化分析、个人活动和社会活动的数字化监督等，都透露出某种可控的、理性的、科学的、契约的、主体性的文化精神内涵，这一文化精神导向的出现将为构建和谐、公平、理性、民主、法制的社会主义文化精神奠定基础，这也是在新的时代条件下，对传统主流文化如何转型的积极探索，这种探索和改变也必然会在网络虚拟社会得到充分体现。

　　总之，当代中国的社会转型是在全球化和现代化这样一种特殊文化背景下进行的，其复杂多元性带来的不确定性，必然带来人文精神的"空场"。因此需要我们具有与时俱进的自觉意识，全面审视新情况、新挑战，以敏锐视觉发现并利用社会转型期出现的积极向上的精神元素，以创新精神推进我国主流意识形态建设。

①《马克思恩格斯全集》（第46卷），人民出版社2003年版，第123页。

第四章　互联网舆论生态的内部要素

　　分析了影响网络舆论生态形成的外部环境因素，还要对网络舆论生态的内部要素进行具体分析。网络舆论的信息资源构成了网络舆论生态的客体，决定着相关部门在开展舆论应对和引导时议题设置的重点和方向；网络舆论生态的主体（网民）的结构和心理特征，控制和影响着舆论生态的生成和演变；不同的网络信息发布平台存在着对舆论信息的不同解读，凸显出不同舆论场的力量博弈。

一、网络舆论的信息资源分析

网络舆论的信息资源构成了网络舆论的客体，网络舆论都是围绕着由网络信息构成的事件、涉事单位展开的，对网络舆论的信息资源进行分析，有利于相关部门在开展舆论应对和引导时对议题设置的重点和方向进行把控。

（一）网络舆论事件热度指数分布

本文根据 2020 年 1—8 月人民网舆情数据中心提供的数据，以 500 个热点事件为样本进行分析，列出每月热度排名前五的事件。

2020 年年初，新冠疫情突如其来，扰乱了正常的社会生活秩序，也搅动着舆论场。公众高度聚焦公共卫生领域舆情，舆情形势呈现出与疫情交织的特点。1 月，全国疫情防控形势严峻，"武汉暂时关闭离汉通道"成为目前舆情热度最高的事件。2 月，各地区、各部门携手"抗疫"，多措并举获认可。3 月，疫情防控效果显现，舆论目光投向复工复产情况。4 月，非疫情的社会热点事件开始升温，舆论场再现丰富多元态势。5 月，全国两会相关消息获广泛关注，政务法治类舆情走高。6 月，北京出现"新发地关联疫情""地摊经济"话题，疫情防控常态化再受关注。7 月，长江流域汛情令舆论担忧，病毒通过冷链传播的风险引发讨论；8 月，舆论热议"餐饮浪费"问题，疫苗攻关捷报频传。①

从这些热点事件中，分析网络舆论客体的热度指数。评判网络事件的热度指数是由时间维度、意见维度、数量维度、显著维度、集中维度组成的指标体系。时间维度是指就此事件意见在不同时间点上的变化情

---

① 人民网舆情数据中心：《2020 年互联网舆情形势分析与展望》。http://download.people.com.cn/yuqing/eleven16003359621.pdf。

况，具体表现为该网络热点事件持续的时间；意见维度，是指反映此事件中不同意见的分布情况；数量维度，则是反映该事件在大众新闻媒体、论坛、微博、微信等场域中的数量特征值；显著维度，是反映此事件在同时期网络信息总量中的比例以及在网页中的显著程度；集中维度，反映此事件在不同网友之间的分布。

根据人民网舆情数据中心对 500 件舆论事件的样本进行不同指标赋值，划分出八类热点事件。公共卫生牵动舆论神经，成为舆论最关心的内容，涉新冠疫情的信息居于高位。教科文体领域紧随其后，5G、大数据、云计算等内容备受关注，新兴科技日渐成为大众话题。舆论聚焦克服疫情影响，做好"复工复产""六稳""六保"等工作，经济发展类居第三位。社会民生、应急管理类内容与公众生活关系密切，虽然占比第四位，但影响面广泛，而且"后疫情"时代部分群体心理的创伤不容忽视。2020 年是全面建成小康社会目标实现之年，是全面打赢脱贫攻坚战收官之年，政务法治、脱贫攻坚领域工作获舆论关注。国际关系不确定性增多，涉外涉军舆论事件数量虽然占比不高，但极易引发高度关注，涉外涉军类舆情升温，如图 4-1 所示。

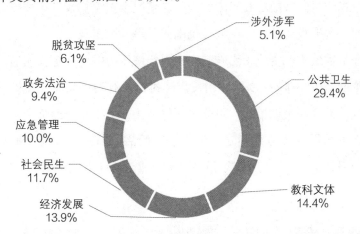

图 4-1　2020 年 1—8 月全国热点事件领域分布（数据来自：人民网舆情数据中心）

（二）网络热点事件舆论分布分析

公共卫生类：2020 年年初，突如其来的新冠疫情牵动国人心弦。在"抗疫"过程中，主流舆论聚焦"战疫"，权威部门以密集、翔实的信息发布，回应社会关心的内容，逐步满足群众对病毒传播途径、防控举措、治疗手段等方面的信息需求。新浪网数据显示，1 月下旬到 2 月初的关键阶段，上百个部委官微和 2.6 万多个各级政府官微已发布超过 55 万条疫情相关微博，阅读量超过 115 亿人次。围绕各类新冠疫情新闻发布会，媒体机构发起了 1400 余场微博直播，累计观看量超过 11 亿人次。①随着疫情防控的推进，及媒体宣传报道的引导，疫情初期舆论强烈的焦虑、恐慌、怀疑情绪，也向中性及正面情绪转变。

教科文体类：舆论对科技创新的关注度居高。一方面，疫情防控期间科技应用的空间和潜力显现。"在线办公""云上教育""远程问诊""直播带货""无接触配送"快速推广。"新基建"概念走热，"北斗三号全球卫星导航系统正式开通"等事件，体现了中国科技实力。另一方面，我国在关键核心技术方面还存在短板。"台积电断供华为芯片""半导体工业光刻机制造核心技术未突破"等情况令舆论担忧。科技能力在大国博弈中占据重要地位，"科技反围剿"等呼声出现。

经济发展类：受疫情影响，舆论对经济压力的感知更为明显。"今年一季度 GDP 下降 6.8%"，引发广泛讨论。有舆论认为，疫情对经济的影响，不仅是短期挑战，可能更深远持久，复工复产面临产业链、劳动力、市场需求等方面问题，困难不容低估。2020 年 4 月，中共中央政治局召开会议，"六稳"和"六保"成为政策热点。舆论认为这反

---

① 新浪科技：《微博助力全民抗疫　话题阅读量已超 4000 亿》。https://tech. sina. com. cn/ i/2020-02-04/ doc-i imxyavz0309127. shtml。

映了中央对当前复杂严峻形势的认识，也释放了政策支持力度将加强的信号，统筹推进疫情防控和经济社会发展成为重点工作。二季度GDP回升至3.2%、工业生产率先恢复、信息技术等现代服务业逆势增长等消息频传，增加了舆论信心。

社会民生类：抗疫"大考"中，民生问题一直以来在舆论"聚光灯"下，成为媒体、公众关心关注的出发点和落脚点，推动多起事件出现"霸榜""刷屏"等现象级传播，民生焦点形成阶段性舆情热点。如口罩、消毒液等个人防护用品成为舆论场内长时期的关注热点，双黄连口服液、瑞德西韦等"特效药"话题，粮食供应短缺、物价上涨等忧虑声间断性冒头，以及多方聚焦剖析复工复产有序恢复面临的阻碍和风险等。每一个焦点问题，都关系着公众生命财产的切身利益，是形成阶段性舆论热点的原因所在。疫情对民生的影响深刻而长远，复杂的"毛细血管"畅通与否，是常态化防控中不容忽视的环节。

应急管理类：自然灾害、生产事故与疫情反弹等突发情况叠加，增加了舆论焦虑情绪。"长江流域汛情严峻""鄱阳湖水位超历史极值""安徽歙县洪涝灾害影响高考""四川西昌突发森林大火""唐山5.1级地震""内蒙古一度假村遭龙卷风袭击"灾害牵动舆论心绪，"多灾多难""天灾人祸"等成为网民评论高频词，自然灾害话题延展性较高，社会焦虑情绪不容忽视。"福建泉州一疫情隔离观察酒店坍塌""浙江温岭油罐车爆炸""湖北仙桃市一化工企业发生闪爆"等突发事件，受到全国广泛关注。舆论期待各地应急管理工作进一步完善，树立"防、减、救"相结合的新治理理念，信息发布更加公开透明。"后疫情"时代，再塑"安全感"尤为重要。

政务法制类：政策法规吸引舆论聚焦，热点案件处置获得好评。2020年通过的多项政策法规吸引舆论聚焦。"外国人永居条例""香港国安法""民法典"等内容获高度关注。"香港国安法"通过后，舆论充分肯定其所具有的重大现实意义与历史意义，为"一国两制"

行稳致远及香港繁荣稳定发挥积极影响。《中华人民共和国外国人永久居留管理条例》（征求意见稿）发布后，舆论观点出现分层。舆论肯定该条例是应对全球人才大变局的有力方案；但也发出"永久居留资格获取门槛过低""超国民待遇"等质疑之声。

脱贫攻坚类：脱贫攻坚战舆论氛围浓厚，但也出现一些自媒体贴上贫困标签引流量问题。2020年是脱贫攻坚战收官之年，中央领导高度重视扶贫工作，各地通过多种报道形式展示脱贫成果，如期完成脱贫攻坚目标任务的舆论宣传氛围浓厚。值得关注的是，脱贫攻坚话题热度升高的同时出现贴扶贫、贫困标签，激发泛贫讨论的现象增多。少数自媒体账号聚焦贫困地区生活，博取同情，吸引流量。如"湘西8岁男孩体重只有40斤""90后夫妻生9个孩子"等内容，挑动了公众敏感神经，造成了一定的负面影响。另外，扶贫领域形式主义、官僚主义作风仍是舆论监督重点。如贵州独山县负债400亿建多个烂尾工程、陕西镇安7.1亿建"豪华中学"，脱贫县与"大修大建"形成反差，引发舆论追问。

涉外、涉军类："当今世界正经历百年未有之大变局"，受新冠疫情影响，这种变化正在加速。部分国家政客裹挟民意，将经济贸易、公共卫生、科技学术等问题泛政治化解读，抛出"脱钩论""新冷战论""病毒起源论""甩锅论""清洁国家联盟论""对华接触政策失败论"等说辞，挑起"口水战"，制造舆论争端。如华为等企业舆情，字节跳动被迫出售TikTok美国业务等国际商贸事件受舆论关注。此外，"逆全球化"、民粹思潮、麦卡锡主义抬头、小范围军事冲突、边境摩擦、少数族裔等问题频现，对世界和平、全球发展、国际秩序造成影响。中国发展的外部环境将更加严峻复杂。在涉军方面，在中美战略博弈的大背景下，网民对军队关注度极高，有关军队的表态、战备训练、军事行动、抗洪救灾、边境冲突等成为热点议题。

虽然以上 8 个类别的网络舆论客体仅来源于 500 件舆论事件的样本分析，但其反映出网民对现实社会生活的关注，是现实生活在网络世界的延伸，具有普遍性参考价值。

二、网络舆论的网民构成分析

　　网络舆论生态的主体（网民）结构和心理特征，控制和影响着舆论生态的生成和演变。目前，新媒体应用软件涵盖了几乎所有使用智能手机用户，使网民结构日益向中国总人口的结构还原，网络舆论话语权趋于均等化，网民通过网络表达诉求已成为常态。通过对当前网民属性结构和影响力结构进行分析，有助于准确判断网络舆论背后的真实民意。

（一）网络舆论的网民属性结构

　　从中国互联网络信息中心发布的第 47 次《中国互联网络发展状况统计报告》（以下简称《报告》）的数据看，现阶段我国网民结构仍然表现出"三低"（低年龄、低学历、低收入）的特征，在一定程度上存在理性表达不足，导致多元民意难以被全面、整体呈现，造成网络与真实民意的偏差。

　　1. 在年龄结构方面，我国网民仍然以年轻人和学生为主，中老年群体开始增长

　　截至 2020 年 12 月，20～29 岁、30～39 岁、40～49 岁网民占比分别为 17.8%、20.5% 和 18.8%，高于其他年龄段群体；50 岁及以上网民群体占比由 2020 年 3 月的 16.9% 提升至 26.3%，互联网进一步向中老年群体渗透。①如图 4-2 所示。

---

① 中国互联网络信息中心：第 47 次《中国互联网络发展状况统计报告》。http://www.cac.gov.cn/ 2021-02/03/c_1613923423079314.htm。

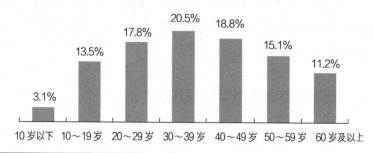

来源：CNNIC中国互联网络发展状况统计调查   2020.12

图 4-2　2020 年 12 月网民年龄结构

与 2020 年 3 月比较，30～39 岁、40～49 岁群体的网民数量超过 20～29 岁这个年龄段，而在 2020 年 3 月以前的数据中，20～29 岁始终是位居网民占比之首；60 岁以上老人上网比例也大幅提升，如图 4-3 所示。这说明，新冠疫情防控期间更加催生了数字化应用的各种场景，网上购物、云视频、线上教育、一网通办、健康码等的广泛应用，扩大了整个社会上网人群，客观上带来了网民年龄结构数据的变化。但从网络舆情活跃度来说，20～29 岁的年轻人仍然是网络舆论场的主体。

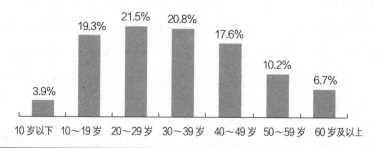

来源：CNNIC中国互联网络发展状况统计调查   2020.3

图 4-3　2020 年 3 月网民年龄结构

20～29岁网民多为大学生及毕业工作不久的年轻人，他们对于网络社交及网络资源的应用更为热衷和敏感，具有一定的思想，有自我认知及对世界和社会的看法观点，尤其会怀着较为高亢的情绪对国际争端问题、社会阴暗面的曝光和个人前途方面有着活跃的参与度，对于网络舆论有着极大的推动作用，但很大程度带有个人感情色彩。

30～39岁年龄段的网民大多积攒了一定的社会经验，对于社会更有归属感，有着自己成熟和独立的见解，对社会的动态更为敏锐，做事更为谨慎踏实，对于网络舆论更加注重对事实真相的还原，同时尚未失去对话语权使用的热情，仍在网络中发表着较为稳妥的言论和态度，其网络舆论驱动力更为稳重和积极。

40～49岁、50岁及以上的网民虽然都有增加，但是这两个年龄区间的网民大多数是阅览网页和其他辅助功能，网络参与感不强，对于网络舆论驱动力不大。10～19岁这个年龄段多为职高/高中及以下学生，当下学生学习压力较大，该年龄段网民参与社会舆论事件的机会和热情都不高，但却是粉丝文化的主力，热衷于明星八卦。

2. 在学历结构方面，受教育程度以大专以下者占大多数

网民的素质客观上影响着网络舆论的质量，学历是一条参考的标准。《报告》显示，我国初中、高中/中专/技校学历的网民群体占比分别为40.3%、20.6%；小学及以下网民群体占比由2020年3月的17.2%提升至19.3%。[①]说明低学历网民群体仍然占据主体。如图4-4所示。

---

① 中国互联网络信息中心：第47次《中国互联网络发展状况统计报告》。http://www.cac.gov.cn/ 2021－02/03/c_1613923423079314.htm。

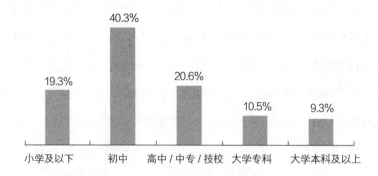

来源：CNNIC 中国互联网络发展状况统计调查　　　　　　　　　　　2020.12

图 4-4　网民学历结构

具有大专及以上学历的网民，大多数具有一定的文化涵养和逻辑能力，对于社会热点舆论导向的判断具有一定的文化和学识支撑，更能够辨别是非，追随并引导正确的网络舆论潮流。相比之下，初高中及以下学历网民对于社会热点问题的看法更易受非主流网络舆论的引导而缺乏独立的思考，易形成盲目跟风，助推恶性网络舆论事件的发展。

3. 在收入结构方面，低收入网民占据主体

虽然随着我国社会经济的不断发展，网民的收入也在逐年增长，但一个不容忽视的事实是，我国的网民仍以低收入群体为主。报告数据显示，月收入在 3000 元以下的网民群体占比为 51.1%，[①]如图 4-5 所示，几乎有一半网民的收入水平偏低。现阶段我国处在社会转型期，利益结构不平衡、收入分配不对等带来的对现实生活的不满意，加之通过传统的方式表达诉求收效甚微，这部分网民更愿意选择网络来宣泄不满，其网络参与热情高于中高收入阶层。

---

① 中国互联网络信息中心：第 47 次《中国互联网络发展状况统计报告》。http://www.cac.gov.cn/ 2021-02/03/c_1613923423079314.htm。

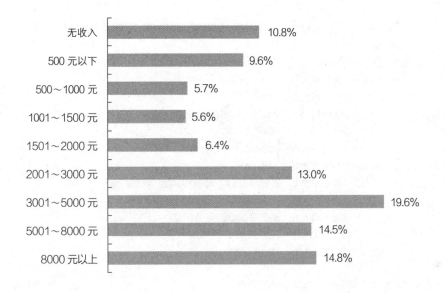

来源：CNNIC 中国互联网络发展状况统计调查　　　　　　　　　　2020.12

图 4-5　网民个人月收入结构

3001～5000 元的收入水平属于全国的中等水平，中等收入的网民一直是网民大军的中流砥柱，这部分群体多为普通劳动者，压力适中，在"比上不足，比下有余"的生活状态下，有一定的时间和精力参与网络热点舆论事件的传播。该群体网民，有着一定的经济保障，同时希望有更大的发展空间，所以整体心态更为阳光积极，这种生活状态也会体现在对于网络热点事件的参与讨论上，他们所表达的观点和态度更为鲜明直接，对于网络舆情的发展有着较为强劲的推动作用。

4. 在职业结构方面，在校学生成为最大群体

学生群体向来是网络舆论领域里最活跃的因子，《报告》数据显示，网民职业结构中，在校学生群体占比仍然最高，为 21.0%；其次是个体户 / 自由职业者，占比为 16.9%；再次是农村外出务工人员占比 12.7%。如图 4-6 所示。

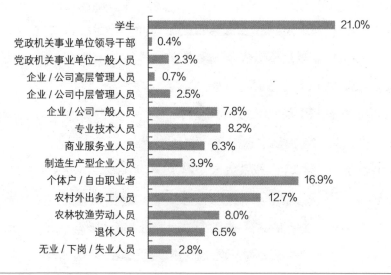

来源：CNNIC 中国互联网发展状况统计调查　　　　　2020.12

图4-6　网民职业结构

　　各个层级的学生数量庞大，在线时间长、精力旺盛，正是追求知识、寻求真理的年龄，且个体间相互沟通较为频繁和畅通，可以在短时间内引发对某一社会热点的大量关注和转载，并乐于发表自己的见解和态度，是网络舆论领域最为活跃的主体。但是，低年龄的学生思想不成熟、经历不丰富，往往以非此即彼的视角看问题，容易造成他们对意识形态和文化渗透等的轻视。

　　个体户、自由职业者工作时间都更为随意，且自身经营常常与国家政策息息相关，更多的人需要通过网络连接社会，获取信息。由于个体户及自由职业者接触的圈子较为广泛，具有一定的社会经验，所以对于社会热点事件往往有着独到的见解，既不会盲目地跟风，也不会发表过激言论，其产生的网络舆情态度大致较为平和。

　　农村外出务工人员，由于远离亲人在异地工作，归属感缺失，是急需信息滋养的一个群体，对网络有较强的依赖感。抽样调查数据显示，农村外出务工者以初、高中文化居多，八成以上是从学校毕业直接进入企业、工厂上班的年轻人，年龄大多在 18～24 岁，收入水平集中在 3000 元以下，受教育和经济水平限制，其文化消费单一，多以泛娱乐化为主，同时缺乏网络信息辨别意识，容易受到庸俗信息、黄色信息、虚假信息的影响，这些信息不易形成正确的人生观、价值观。在参与网络评论过程中，发表言论较为随意，甚至会出现偏激的言行。[①]

（二）网络舆论的网民影响力结构

截至 2020 年 12 月，我国的网民规模已达 9.8 亿，虽然进入"人人都有麦克风"的网络时代，但是在数字资源的利用方面，不同群体之间的使用水平存在着数字鸿沟，由此导致了不同群体通过网络表达意见时出现能力上的差异，"不是每个人的声音都能够被大众听到"，对于具有较高网络使用水平和拥有丰富互联网资源的人群来说，自然拥有较强的网络舆论影响力。由此，根据网民影响力结构来看，可以将网民分为沉默者、参与者、活跃者、领袖者。

1. 沉默者

沉默者是网上的围观者和潜水者，一般只浏览信息而不发表言论。有学者研究发现，在对某个新闻的跟帖中，只有不到 8% 的人会点赞、评论和转发等，而真正在网络上经常发言的比例不超过 2%。大多数网民是沉默的，认为即使点赞都是一种浪费时间和精力的事情，一方面说明大部分网民参与社会讨论的积极性不高，另一方面也说明网上的声音、观点和意见并不能代表全部的网民。如果按照 2% 的比例推算，那么在

---

① 李宣：《农民工网络媒介素养现状及提升对策：以浙江省为例》，《法制与社会》2019 年第 6 期，第 142—143 页。

9.8 亿网民中真正发表观点和声音的人群仅有 1960 万人左右，这些人才是网络上最为活跃的群体。

2. 参与者

参与者一般多为点赞者、转发者，偶尔跟随外部意见简单发表言论，但并不积极。研究互联网舆论聚集地的言论，尤其是知乎、微博、贴吧等平台，很容易验证传播学中著名的"沉默的螺旋"理论。该理论是基于这样一个假设：大多数个人会力图避免由于单独持有某些态度和信念而产生的孤立。理论描述了这样一种现象：人们在表达自己想法和观点的时候，如果看到自己赞同的观点受到广泛欢迎，就会积极参与进来，这类观点就会越发大胆地发表和扩散；而发觉某一观点无人或很少有人理会（有时会有群起而攻之的遭遇），即使自己赞同它，也会保持沉默。意见一方的沉默造成另一方意见的增势，如此循环往复，便形成一方的声音越来越强大，另一方越来越沉默下去的螺旋式发展过程。

所以，网络上经常会出现某些不能代表大众的奇葩言论甚嚣尘上，有可能是调动"水军"有组织有计划地点赞和支持，同时辱骂和打压反对者，造成潜在的反对者倾向于保持沉默。于是在旁观者看来，这种言论的支持者越来越多，而几乎没有任何反对者，如此循环，形成该言论仿佛代表了主流声音，而且已经大获全胜的舆论现象。

3. 活跃者

活跃者是小部分的"中 V"、"小 V"和圈子群体，他们有一定的粉丝，具有强大自我动员与组织能力，在网络平台上较为活跃，会参与时事讨论、发表观点、分享生活等。例如圈子群体的代表"小粉红"群体、"帝吧"群体、"饭圈"群体等。2016 年网络舆论场中一个引人瞩目的现象是"小粉红"群体的崛起，"小粉红"群体人口学特征为 18～24 岁的年轻人，表现出强烈的爱国热情和对体制的捍卫。在"帝吧出征"反"台独"、表情包大战、电影《没有别的爱》争议、南海仲裁案等涉及爱国思想表达的热点事件中，表现出强大的正能量。以90后为主的"帝吧"网友，不仅刷屏反"台独"，还经常集体抗议外企和明星的某些行为，在短时间内形成大规模的网络群体行动。"饭圈"群体以"守护全世界最好的阿中（即中国）"为口号，登录海外社交平台，怒怼香港暴徒。从这一角度来看，"饭圈"的关注点与"小粉红"有相似之处，不同之处在于"饭圈"平常主要是关注所追求的明星，常因为自认为明星受委屈而在网络上掀起种种风波，如2020年艺人肖某的"饭圈"因四处举报，引发种种争议。

4. 领袖者

网络"意见领袖"，是指那些在网络平台上通过频繁地对某一话题发表原创性观点和见解，凭借发言的数量、质量、文字水平以及语言风格，体现出人格化和能力特征的群体。其影响信息的传播与共同话题的表达，在大众的观念形成与价值判断中起着重要作用，是我国网络舆论场上最具影响力的群体。

网络"意见领袖"的构成既包括专家学者、媒体人士、业界精英、公众人物，又包括为数众多的草根"意见领袖"，由于他们在线下具有较高的专业声望、广泛的人际网络、丰富的社会资源，在线上熟悉网络环境，深谙网民心理，踊跃发声，粉丝众多，特别是在事关公共利益的重大舆论事件中，聚焦热点、设置议程、建言献策，因而成为网络舆论场上的领头羊。

总之，大部分网民常常扮演的是"吃瓜群众"的角色，往往随波逐流、人云亦云，极小部分人掌握着话语权，在众声喧哗的时代，需要网络"意见领袖"的正确引领，然而现实中却存在一些网络"意见领袖"的不规范行为，加剧了网络环境和舆论生态的嘈杂，造成边缘民意在网络空间中有可能演化为虚假的主流民意的现象。

三、网络舆论的网民心理及影响

网络舆论的形成过程，也可以说是网络虚拟社会中网民心理的变化发酵过程。研究网民的心理特征，有利于针对性地增强舆论引导效果。目前，虽然网民心理备受关注，但到目前为止，学界对其定义还没有统一的说法，有"网民心理""网络心理"等各种概念和范围。本人赞同一些学者"两个心理"的提法，一个是网民的社会心理或社会心态，一般受社会生活环境的影响；另一个是网络心理，笔者认为所谓网络心理是互联网使用对人的认知、情感、意志、行为、人格、能力等心理特征的影响，其受网络虚拟环境和社会生活环境共同的影响，也就是说网民心理既包括网民的社会心理，也包括网民自身的网络心理。

（一）猎奇心理

人们对于扑朔迷离的事件都有一种好奇和探究心理。在猎奇心理的作用下，网民在网络舆论形成的过程中会通过种种信息去捕捉与事件当事人确切相关的所谓真实资料。由于网民的猎奇心理，也使一些网络推手为吸引网民制造轰动效应，对一些舆论事件进行不负责任的炒作。例如，在涉军舆论事件中，网民的猎奇心理表现非常突出。由于军队、军人特殊身份等原因，客观上决定着军事、军队、军人的话题很容易引起广大民众的围观和热议。同时，军队是执行特殊任务的武装集团，其运行相对低调保密，加上网民对一些涉军信息的不可鉴真性（如军事行动、武器研发等），涉军信息一旦在网络上发酵成为涉军话题，受好奇心驱使，网民大都抱着一探究竟的心理，欲罢不能。但是，由于网络的匿名性，造成真相、假象、谣言交织，网络涉军舆论在传播过程中就可能出现各种变异而偏离预期的方向。在一些虚假军事新闻里，"奇闻""军车进京，北京出事了""部队惊天黑幕"等字眼频频出现，正是利用网民的猎奇心理，博得眼球，混淆视听，严重损害军队形象和声誉。

（二）从众心理

从众心理①俗称"随大流"，是一种普遍的心理现象。网民从众心理与群体对个体的强烈影响和网民信息缺乏相关。网民对信息关注，就可能会有留言和跟帖，当个体网民由于信息缺乏，自身难以做出判断时，一些"知情者"或者"意见领袖"就起到了引领作用。而网络表达的便捷性、复制性、"快餐性"特点，使多数人惰于思考，理所当然地接受和迷信好友或网络"意见领袖"的评论和意见，当这种观点聚集，形成一定强势时，在缺乏有效信息对冲的前提下，多数人选择加入观点强势一方而获得安全感和归属感，而出现单个网民言论和大多数网友的意见不一致时，容易受到围攻而造成极大心理压力，从而形成传播学中"沉默的螺旋"现象。所以从这个角度来说，网络民意的代表性有待商榷。因此，针对具体的舆论事件需要对谁在网上发言、网上的发言是否就代表了民意要做出具体分析，要综合舆论中的信息源、网民构成（结构、心理、行为）进行科学解构，依据网络热点事件是否触及了民众社会心理层面，是否折射出社会主要矛盾，是否体现出社会发展方向，来判断网络热点事件的民意倾向，而不在于参与讨论的人数多少，但要充分认识到别有用心的网络"公知"和网络推手对普通网民进行误导的危害性。

---

① 从众心理是指个人的观念与行为由于群体的引导或压力，而向与多数人相一致的方向变化的现象。

（三）情绪宣泄和释放心理

情绪是人的需要是否得以满足在心理上的反应。如果需要得到一定满足，个体就会体验积极的情绪，如愉快、乐观、心理趋于平衡；如果需要没有得到满足，个体就会体验消极的情绪，如抑郁、悲观、愤恨，心理容易失衡。①情绪能够产生大量心理能量，成为人们认知和行为的动力。负面的心理能量需要通过心理调节进行化解，宣泄和释放的渠道有多种，如唱歌、购物、体育锻炼、倾诉等。网络空间，因其互动性、多媒体性、自由性和虚拟性自然成为情绪宣泄和释放的场所。同时，由于情绪的感染性和网络粘连性，网络上的"情绪宣泄"存在着夸张和泛滥之势，这种过度的释放，也将网络舆论置于非理性的危险中，加大了网络舆论失衡的风险系数。在转型期的剧烈社会震荡中，人们心理层面的焦虑和浮躁，社会群体中产生的相对剥夺感、社会挫败感等都会导致人们心态失衡，造成负面情绪聚集。目前网络负面舆论，甚至正面舆论被负面解读等引起的热议、热炒很大程度上是利用了网民这种宣泄和释放心理。

（四）自我实现心理

每个人在社会中都希望自己有所作为，被人重视和尊重，实现自己的价值，当得到他人认可便会在心理上获得极大的满足，这就是通常意义上的自我实现。网络是一个虚拟空间，网民的身份是虚拟的，交往对象是虚拟的，参照群体也是虚拟的，人们的自我形象既可以是虚假的，

---

① 曹茹、王秋菊：《心理学视野中的网络舆论引导研究》，人民出版社 2013 年版，第 14 页。

也可以是多变的。因此，如果说现实生活中的自我实现是围绕"社会角色"进行自我控制，那么网络空间的自由性、匿名性与超链接功能则赋予人们一种"虚拟角色"。在注重个性的社会，网民的表达欲望更加强烈，尤其是作为社会中充满朝气的青年人，他们潜意识里拥有强烈的政治热情、民族意识，在有着极大自主性的网络虚拟社会中，他们的锋芒、才华和个性能够充分地进行表达，扮演着在现实生活中不能扮演的角色。网民的自我实现心理能激发其独立思考和观察现实的洞察力，使其具有批判精神，倾向于依据自己内心的感受和体验去理解事物。例如2016年年初，台湾地区领导人选举后，针对"台独"媒体和台湾亲绿网民等在 FB（Facebook）上的言论，百度"帝吧"中一群有着朴素爱国情感的年轻网民把目标定在了 FB 上打击"台独"，网友们通过刷"社会主义荣辱观"、爱国诗歌、表情包等方式霸屏，逼得某些平台关闭评论。仅一天时间，新浪微博话题"帝吧 FB 出征"阅读量已达 6.1 亿。①这是年轻人组织能力的体现和爱国情怀的实现，让我们看到了网络中蕴藏着的巨大正义力量。可见，只要对网民自我实现心理进行正确的引导，沿着文明、客观、理性、坚定的道路走下去，就能建设文明健康的网络生态，包括舆论生态有着厚实的民间土壤。

---

① 书香满心：《"帝吧出征"为什么让有些人怕了》。http://www. kunlunce. com/ssjj/guo
jipinglun/2016-02-14/18621. html。

第五章 互联网舆论生态系统的运行机理

　　网络舆论生态系统的运行机理简而言之就是网络舆论生态中的"舆论的主体因素"和"环境因素"围绕"信息资源"（客体）相互作用、自我演化形成的运行规律和互动方式。本文在阐述其运行规律的基础上，从具体案例分析入手，通过要素间信息传播互动影响舆论走向的客观实际，揭示网络舆论生态的运行机理。研究网络舆论生态的运行机理，有利于从理论与实践的结合角度，引导网络舆论管理者发现系统运行中存在的缺陷，找准进行网络舆论引导和治理的最佳关键点，从而对网络舆论进行有效引导、适时监控、及时预警，并对网络舆论的变化尽快做出反应，最终构建一个健康良好、蓬勃发展的网络舆论生态系统。

一、网络舆论生态的运行规律

网络舆论生态的运行规律是舆论生态目标与任务实现的重要保证。网络舆论生态的运行规律包括网络舆论信息汇集与传播规律、网络舆论生态的循环规律、网络舆论生态的调节平衡规律。

（一）网络舆论信息汇集与传播规律

网络舆论的形成是由网络舆论生态各要素所提供的各类舆论信息在信息汇集与传播规律的作用下汇集和融合，并最终发酵成为网络舆论的过程。

首先，舆论信息在网络中引起关注。舆论信息的根源产生于舆论事件的发生，引发网络中关注此事件的关键群体的迅速增长。从舆论信息生产规模来看，新闻媒体及门户网站偏于新闻发布，舆论信息互动量较少，而微博、微信、QQ空间和虚拟社区等自媒体平台成为舆论信息制造和传播的生力军。从信息传播时间来看，新闻媒体及门户网站、普通网民、网络炒家、"意见领袖"基本上都可以实现信息的即时传播，尤其是手机成为主要的上网工具后，缩短了从信息发布到信息传播、获取的路径和时间，舆论事件几乎同时出现在相同舆论主体和不同舆论主体之间，舆论信息在互动、融合、汇集，杂乱无序的传播中达到一定数量级，成为网络舆论的起点。

其次，新闻媒体、微博、微信，在整个传播系统中各自发挥着重要作用。微博、微信等自媒体平台为新闻媒体提供了丰富的网络信息资源。同时，新闻媒体的及时跟进能扩大网络舆论事件的影响力。新闻媒体也会在舆论信息传播过程中，凭借自身的权威性和可信度，过滤掉网络舆论中存在的群体非理性因素，积极引导舆论走向，形成现实的执行力。

因此，在舆论事件传播中新闻媒体，尤其是主流新闻媒体的介入，提升了热点事件的关注度，成为网络舆论形成的重要传播环节。

最后，网络信息及事件在传播过程中可能演变出各类新的议题。在传播过程中如果主流媒体和舆论事件涉及的单位在舆论事件前期反应迟缓，或没有发布足够的信息量来抵消公众的质疑时，别有用心的人另设议题或不同政见，"意见领袖"的意见就会成为舆论事件的引爆点或转折点，从而使该事件迅速发酵，容易发展成为一个巨大的网络舆论负面事件，甚至造成网络谣言滋生。同时，由于普通网民主观上的情绪化和客观上对一些舆论事件的不可鉴真性，容易成为舆论事件发展的推动力量，给社会带来不良的影响，破坏社会稳定，影响政府公信力。

（二）网络舆论生态的循环规律

网络舆论生态是一个开放的、复杂的系统，在时间、地点和事件的三维坐标下由无数的舆论场构成，网民们根据自己的观念和标准对舆论信息进行自我评判，推动着网络舆论的产生、发展、演变、消失到再生产，形成一个循环周期，周而复始。

一方面，循环规律保证了舆论主体中网民群体内部和网民个体之间的舆论信息的交流和共享。在分享、探讨、评论舆论事件时，促使网民将自己的判断和意见反馈到网络，尤其在出现碰撞和交锋的过程中，更激发了网民在信息循环发展过程中实现传播自己观点的愿望，最终达到实现自身诉求的目的。循环规律通过对舆论主体之间信息观点的交换和交锋调控着网络舆论的循环路径，观点一致，按原有循环路径继续发展，观点不一致，交锋后向新的循环路径发展。

另一方面，循环规律促进了舆论管理者对舆论的监管和引导。对于网络舆论的管理者和当事者来说，面对网络各种舆论信息，需要聆听来自网络的声音，依托网络舆情专业系统进行数据分析并及时进行反馈，必要时可以通过预设议题进行引导甚至行政介入，对恶意炒作舆论信息者进行惩戒，使舆论热点和焦点问题发生转移，使网络舆论话题进入新的循环周期。因此，循环规律是网络舆论生态存在和平衡运行的基础。

（三）网络舆论生态的调节平衡规律

网络舆论生态的调节平衡规律是指其内部各组成要素通过舆论信息的交流而达到一种不断向前发展的平衡状态。一方面，网民自身对舆论信息真实性和准确性的追求，是网络舆论生态调节平衡规律发生作用的直接动力。在"人人都有麦克风"的自媒体时代，虽然存在网络谣言和恶意炒作舆论事件等现象，但是客观上由于网络舆论主体参与讨论的多样性，不同观点、意见的交锋让一些事件在辩论中趋于明朗，从而保证了网络舆论生态格局的结构性平衡，使网络舆论事件按照传播规律自动向前发展。从中也可以看出，网络舆论的主流价值倾向仍然以促进信息透明化、追求公平公正为目标。一般情况下，网络舆论事件在应急管理机制合理的舆论引导下，舆论的基本走向和发展态势是可预料的。另一方面，任何平衡都是相对而不是绝对的，在网络舆论生态系统中如果累积的负面信息达到一定临界值，其内在的自动调节机制将失去作用，导致动态平衡被打破，造成网络负面舆论失控泛滥的舆论生态危机。

只有遵循网络舆论生态运行规律，以生产和传播高质量的舆论信息为目的，规范网络舆论生态系统中舆论主体的行为，协调好网络内外环境才能从根本上促进网络舆论生态的健康发展。

二、网络舆论事件的形成演变机制

本文各选取"鲁甸地震'浑水泡面'事件"与"美军华裔女兵征兵

宣传走红网络事件"两个案例为样本，进一步理解网络舆论热点事件的形成过程和运行演变机制。

（一）案例1："鲁甸地震'浑水泡面'事件"

"鲁甸地震'浑水泡面'事件"是一起非常典型的质疑我军执行任务能力、诋毁我军形象的舆论事件。在本案例中，敏感信息资源首先发布在自媒体平台，微博成为舆论的起点，意见由少变多，在引起主流权威媒体关注后，迅速传播，进一步演化成为具有积极或消极舆论影响力的过程。

1. 事件运行过程分析

（1）"敏感"信息出现

信息"敏感"，是形成舆论的基本前提。信息多种多样，不是每一条信息都能在出现后引发网民普遍关注。"敏感"信息种类多样，有社会民生类、公共卫生类、政务法制类、经济发展类、应急管理类、教科文体类、涉外涉军类等。对于军事领域的"敏感"信息，通常指与军队建设发展状况和军队形象塑造等密切相关的信息，如军队调整改革、作战力量编成、新式武器装备研发、军队遂行多样化军事任务、军费预算、军队参与突发事件处置、重大军事演习演训活动等，也包括与公众认知定式有差异、与公众心理预期有落差的信息，如军民纠纷、军车违章、军方腐败案件、军人"雷人"言论和行为等。当然，"敏感"信息，也并不一定是负面信息，积极正面的信息通常也会因为重要、突发、影响力大等因素，成为网民热议的对象。

"鲁甸地震'浑水泡面'事件"，是发生在军队参与抗震救灾过程中，由腾讯拍客上传的一段视频而成为"敏感"信息源。这一视频在网络上不断发酵，情节一波三折，历经了媒体争相转发、网友纷纷点赞、"大V"

带头质疑、环球网深夜"辟谣"、央广网奋起反击、环球网最终道歉等多个阶段，最终在传播过程中造成影响军队形象的舆论事件。

事件经过：2014 年 8 月 3 日 16 时 30 分，云南省昭通市鲁甸县发生 6.5 级地震，成都军区部队迅速投入救援。地震发生后，关于部队抗震救灾动态的报道吸引了全国人民的视线。8 月 4 日 16 时，腾讯拍客李某上传一段名为《重灾区物资缺乏　救援人员浑水煮面》的视频：画面中，几名救援官兵手持泡面桶站在黑色大铁锅一旁。晃动的镜头跟随大家的视线，一起定格在了锅内漂浮着生姜的土黄色浑水中。说话间，一男子舀了三大勺烧开的浑水，倒进了等待已久的救援官兵的方便面桶里。

16 时 23 分，中央人民广播电台网站——中国广播网刊发的一条名为《云南鲁甸震中龙头山镇食品匮乏　救援人员用浑水煮面》的新闻，并配以李某所传视频截图作为新闻配图，如图 5-1 所示，当天央广网官微 @ 中国之声也发布了此条微博。

图 5-1　央广网中国之声相关报道截图

（2）网络媒介孵化热点话题

相关信息虽然在网络中传播非常迅速，但要从信息发展到公众关注的话题，前提是相关信息经过舆论主体间复杂的信息和能量交换之后，备受关注，才能形成正面或反面的网络热议。此时，主流新闻媒体在整个系统中扮演着重要的角色，传播力和重要性凸显，主流新闻媒体对事件的介入和关注，使事件进入社会公众的视野。鲁甸地震发生后，各级媒体集中报道震区情况、伤亡人数、救援力量等各种信息，在大量的碎片化报道中，拍客李某上传的视频在短时间内并没有引起舆论的关注。通过央广网的新闻报道以及微博传播，"浑水泡面"新闻迅速传播。@央视新闻发布于8月5日11时44分的"浑水吃面"组图：在重灾区，解放军吃这个。该微博得到了20000多条转发、10000多条评论，点赞者超过30000人。一个半小时后，@人民日报发布的浑水泡面组图，也得到了5000多个赞。[1]翻看门户网站"浑水泡面"新闻下的评论，还是以赞扬军人奉献精神的声音居多。

此时，围绕"浑水泡面"的信息处于积极正面的正能量状态。正当大家纷纷赞扬救援士兵不怕艰难险阻的奉献精神时，某网络"大V"带头质疑，随即网络舆论出现一片质疑声：受摆拍思维的影响，网友质疑有图是否就意味着是真相？怀疑士兵摆拍，有网友分析得头头是道，跟着分析者的思维，不少网友认定这张图片就是摆拍所成：1.后面士兵拿着矿泉水，地上还滚落着空瓶，有矿泉水为什么还用浑水？2.新灶台没起火，砖头无烟熏痕迹，既然没起火那被士兵围起来干什

① 贾世煜：《谁搅浑了这碗面？真假浑水泡面的台前幕后》。https://www.bjnews.com.cn/detail/155148075214289.htm1。

么？3.桶装泡面拿不锈钢碗干吗？明显打饭途中。4.这么多人吃面，锅里放那么点水？5.这么多军人参与制造假新闻，是不是在弘扬主旋律？6.锅里平静，"浑水"丝毫没有沸腾，是不是应该叫"浑水冷面"？7.拍摄者是谁？

大众舆情监测数据显示，与其他社会热点不同的是，此事的舆论主战场主要在微博平台，微博占总信息量的52.8%，而主流新闻媒体和门户网站的新闻资讯只占32.9%。在舆论集中质疑图片真实性时，8月5日，环球网扔出署名记者马骏的重磅文章，文中援引一名前方救灾部队负责人的说法，称救灾部队浑水泡面不属实，前方救灾部队携带有净水设备，不会胡乱饮用不卫生的水，勿轻信以伤害前方士气。在报道中将"浑水泡面"定性为假新闻。

一时间，新闻反转令舆论哗然。由于央广网和环球网就"浑水泡面"真假的质疑和佐证，使舆论在真假两端游走，这一组备受争议的图片在网络空间流传，引发此次抗震救灾新话题。如央广网传播"假新闻"、救灾军队摆拍作秀、指责和担忧我军保障不力的负面舆论在论坛、微博等平台发酵。

（3）话题迅速扩散与爆发

由于当事的军方发布的信息较少，或者发声太小，没有足够的信息量来抵消这种无序的信息时，围绕事件真假，各种话题开始变异并迅速引爆。此时事件开始向负面舆论方向发展。网络"意见领袖"带头质疑、环球网的定性，使"浑水泡面"事件在短时间内成为热点舆情事件，大众舆情监测数据显示，由此引发报道热度在8月6日呈现陡增的态势，如图5-2所示。

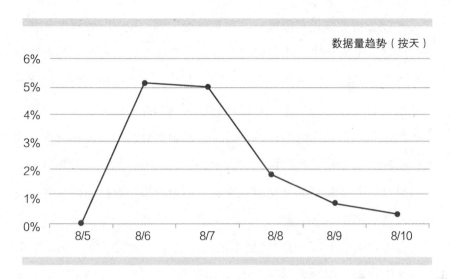

数据量趋势（按天）

图5-2　"浑水泡面"热度趋势图

另外，研究本案例时还利用原南京政治学院军事舆情研究分析中心系统平台对有关鲁甸地震"浑水泡面"的媒体和网站的报道进行搜索，关键词设定为"浑水泡面"，时间设定为2014年8月3日至2014年10月1日，数据显示，互联网上关于鲁甸地震"浑水泡面"事件共有光明网、新华网、中国日报网、新浪网、搜狐网、参考消息网、人民网、环球网、新浪微博、网易微博、天涯社区、铁血论坛等近6820家媒体网站报道，其中论坛有13317篇，新闻有70760条，微博有101919条，博客有544篇，境外有2340篇，视频有558个，Twitter有1341条，相关网页共190779篇。[1]可见"浑水泡面"事件引发的话题迅速爆发。

（4）话题转向价值层面和泛政治化方向

话题形成后，经过复杂的交流整合，在这一过程中，相关话题通

---

① 刘轶：《中国军事舆情年度报告》（2014），解放军出版社2015年版，第129页。

常会被社会精英强化，形成从"意见领袖"到"粉丝"的再度传播，经过网络、主流媒体、社会精英等多元传播叠加，话题就会常态性被固定化为价值层面和泛政治化的焦点议题。这种话题转向价值层面和泛政治化演变的过程，体现着循环规律形成某种内驱力，在不同舆论主体内部和相互之间的信息共享时，网民根据自己的观念和标准接受"意见领袖"议题设置潜移默化的影响，对接收到的信息完成自我评判，并将自己的判断和意见又反馈到网络，不断地维持着舆论的演变而达到一种新的舆论生态平衡。

在本案例中主要形成"质疑军队救灾能力""摆拍作秀""假新闻"三个焦点议题。围绕着这三个焦点议题，已脱离"浑水泡面"事件本身，转向了新的舆论话题。以中华网论坛一篇点击量71375、回帖量997的帖子《浑水泡面：钢铁长城早晚成为豆腐渣》为例，该帖围绕"中国军队后勤保障无能"为主线，提出中国经济总量号称世界第二，仅账面上的军费就超过八千亿元。连年无仗可打，那么平时的训练都干什么去了？又进一步写道："欧美国家军队，纪律严明，制度严格，军官无贪渎之可能……只有在中国，既有巨额资源，又欠缺有效监管，钢铁长城早晚成为豆腐渣。"此帖已远离事件本身而将焦点转向了泛政治化方向。进一步分析论坛中的舆论互动特点，论坛中形成明显对立的两种观点，一种是由于灾难的突发性，一切以救助伤员为重，一些救灾设备可后续进入灾区，我们要为人民子弟兵吃苦耐劳的精神"点赞"；另一种观点是"现在解放军抗震救灾还是除了热情一无所有，这要不是体制问题就见鬼了"。更有人说，"解放军如此简单而重要的应急净水设备都没有，救个灾都后勤不继，打仗必败"。可见，论坛回帖态度观点差异性明显。

以新浪微博有着百万粉丝的加"V"用户@五岳散人为代表的网络

"公知"发布微博，①对所谓"浑水泡面"事件进行了极富情感渲染性、挑唆性的议论，如图5-3所示。

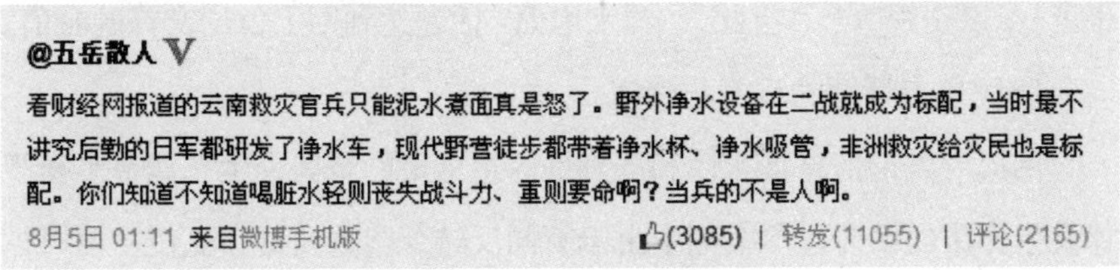

@五岳散人 V

看财经网报道的云南救灾官兵只能泥水煮面真是怒了。野外净水设备在二战就成为标配，当时最不讲究后勤的日军都研发了净水车，现代野营徒步都带着净水杯、净水吸管，非洲救灾给灾民也是标配。你们知道不知道喝脏水轻则丧失战斗力、重则要命啊？当兵的不是人啊。

8月5日 01:11 来自微博手机版　　👍(3085) | 转发(11055) | 评论(2165)

图5-3　@ 五岳散人微博截图

这条微博在短时间内被迅速转发评论，仅仅一天，就有3000多个赞、10000余条转发。他对"浑水泡面"事件流露出来的对军方后勤保障问题的看法，一定程度上迎合了一部分网友的看法，部分网友甚至通过挖苦讽刺把话题扯到军费、军队腐败、军队体制上来。聚合这类观点逐渐形成一个相对清晰活跃的负面舆论阵营。

在环球网质疑央广网传播假新闻后，8月6日0时13分，新浪微博网友 @孙礼纪事发表题为"比污水更脏的是宣传造假：谈救灾部队浑水煮面"的长微博："难道今天我们部队最朴素最真实的一面，他们正在做、一直在做的所有付出，都不足以令人感动，以至于需要摆拍和包装吗？宣传工作者的老毛病——摆拍、作秀，最终好心办成坏事。如果不是拍摄者故意组织，你让一群筋疲力尽的士兵，端着泡面看着一盆毫无沸腾之意的脏水围成一圈站着？"

8月6日10时59分，天涯论坛中名为"正红旗旗主"的楼主的发帖中，明显带有网络推手及"水军"的性质，其先将环球网发的新闻转

---

① 新浪微博 @ 五岳散人：看财经网报道的云南救灾官兵只能泥水煮面真是怒了。野外净水设备在二战就成为标配，当时最不讲究后勤的日军都研发了净水车，现代野营徒步都带着净水杯、净水吸管，非洲救灾给灾民也是标配。你们知道不知道喝脏水轻则丧失战斗力、重则要命啊？当兵的不是人啊。

述一遍，随即自言："哈哈哈，'自干五'①前几日为此感动得涕泪横流，疯狂转发呢，结果脸被抽肿了！强烈要求有关部门严惩转发谣言的'自干五'，以正视听！"至此，"浑水泡面"话题达到网上争论交锋的峰值。

（5）焦点话题的反复与消解

网民对舆论信息真实性和准确性的追求是网络舆论生态调节平衡规律发生作用的动力。本案例中由于新闻反转令舆论质疑，更使主流媒体公信力受损，此时，追求客观真相，澄清事实是公众普遍的情绪和诉求。这一调节平衡规律驱使人们寻找真相，真相一出，焦点涉军议题开始消解，舆论生态进入下一个循环过程。

"浑水泡面"是不是假新闻？军人在救灾一线是在作秀摆拍？军队的后勤保障能力真如此？事实是最有说服力的武器。那么，事实究竟是什么？

8月6日，新华网发布调查报道：地震发生后，龙泉中学聚集了来自解放军、武警、边防、消防、特警等多方救灾人员，龙泉中学老师和部分村民留在这里当志愿者，浑水正是志愿者们为救灾人员所烧……

新华网的报道证实了"浑水泡面"的真实性。

同日，9点25分，环球网要闻部副主任郝珺石在微博上发表了致歉文：……现场报道的记者和拍客更加没错，他们报道的是事实，向在前方的中广网记者和腾讯拍客道歉。②

新华网的介入，环球网的道歉，使"浑水泡面"再次出现反转，这次反转让事实真相浮出水面，"浑水泡面"事件开始进入衰退期，随着

---

① "自干五"为"自带干粮五毛党"的简称，泛指在网络上自发形成的弘扬主旋律的网民。
② 人民网：环球网编辑就"鲁甸救灾部队浑水泡面系假新闻"致歉。http://media.people.com.cn/n/2014/0806/c120837—25413568.html。

网络声音逐步回归理性，"目前救灾才是首位"成为共识。例如有网友表示"浑水泡面很常见，不值得大惊小怪""你是等后续部队将纯净水送来还是赶紧吃了泡面继续战斗呢？"也成了不走极端的主要观点之一。大众舆情监测数据显示，8月8日，数据从5000余条减少到不足2000条。此后，由"浑水泡面"引发的舆论事态得到控制并逐渐进入消退阶段。

总之，在全国上下都在关注救灾情况时，一锅"浑水"却保持较高的舆论热度，士兵吃浑水泡面的事件被普通拍客上传至自媒体平台，经过主流媒体积极正面的报道，受到公众普遍关注，然而经过网络"大V"带头质疑及环球网新闻反转，在短短几天，相关信息数却达到上万条，有怀疑士兵摆拍的，有不信军队后勤保障如此差的，更多网友觉得不可思议，一些媒体和媒体人也质疑图片的真实性。此时，事件已脱离事件本身，引出更宽泛的话题。事实告诉我们，事件备受关注后的舆论走向偏离了预想的轨道，士兵吃"浑水泡面"一事并没有呈现"称赞士兵勇于奉献""为救援士兵点赞"等充满正能量的舆论环境。同时，对在灾区开展抗震救灾的部队官兵来说，部分媒体质疑指责我军装备落后，散布所谓"我军实战能力堪忧"等论调，会挫伤官兵顽强拼搏投入抗震救灾的军心士气，这更加说明网络舆论在传播过程中虽然有调节平衡规律，但是负面舆论的传播过程本身已经扰乱了网民的思想认知。

2. 事件运行结果分析

分析了网络舆论事件的运行过程，需要对运行结果进行分析，找到影响舆论走向的关键点。根据原南京政治学院军事舆情研究分析中心系统平台对有关鲁甸地震"浑水泡面"的媒体和网站的报道进行搜索，时间设定为2014年8月3日到2014年10月1日，结果显示，微博、网站新闻报道、网站论坛占据此次涉军信息量的三大块，因此本案例中民间舆论场主体的互动关系、网络舆论媒体之间的互动关系、主流新闻媒体与民间舆论主体的互动关系对事态运行走向起着决定性的作用，这三种互动关系决定了舆论发展的总体态势。

（1）民间舆论场舆论主体的互动关系

首先分析民间舆论场舆论主体的互动关系。网络"意见领袖"、网络推手是网络负面舆论事件中最活跃的主体，通过网络舆论"意见领袖"的炒作引导，网络推手、网络"水军"的跟帖置顶，裹挟着部分网民踊跃跟帖发表评论，多方的相互配合使得事件具有了新闻意义。

以微博平台为例，根据原南京政治学院军事舆情分析中心对271条微博样本，按照微博用户所属类型划分，如图5-4所示，在关注并参与讨论的微博用户中，个人账号不加"V"用户占总用户的72%，说明"浑水泡面"事件得到了更广泛的普通网民的关注和参与。而带有"意见领袖"属性的个人账号加"V"用户和公共账号总数接近三成，说明在"浑水泡面"事件的微博舆论呈现中，这些"意见领袖"发挥着一定的引导作用，自身观点影响着普通网民进而影响到整体舆论走势。

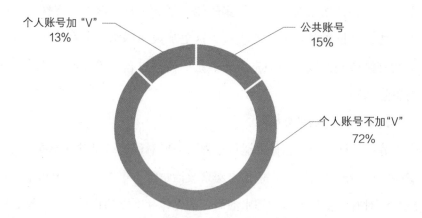

图5-4　微博用户账号所属类型分布

分析以@五岳散人为代表的网络加"V"用户对军队后勤保障、军队救援力量的质疑，发现该帖子之所以能够迅速引起网民关注，并产生跟风效应，就在于帖子的"话语建构"。该帖子以"社会正义人士"的身份，将"二战""日军""非洲灾民"等元素组合在一起，将此事中救灾士兵类比"二战"时期的"日军"，用这个能拉起全民族仇恨情绪的敏感元素做痛点，再用中国灾民与"非洲灾民"做类比，引起关注此事件的网民为灾民和战士喝下这碗浑水可能带来的健康问题的担忧做痛点，最终隐喻结论，中国军队投入那么多军费，如今设备还比不上"二战"时期的日军，中国灾民还不如非洲灾民。其用吸引眼球的关键词，看似有道理实则无逻辑的观点，再加上愤怒的语气，构建出一个敢说真话、气愤的"社会正义者"。在这条微博下面，正当网友们为事件的真假吵得不可开交之时，@五岳散人接着强调："我对基层奋勇抗灾的官兵只有崇敬，并没有任何质疑他们的意思。之所以对这个'泥水泡面'的新闻不满，是因为这里体现着一种极为有害的思想：只要精神所致，哪怕是后勤保障啥都没有也是对的……顶戴花翎不能血染。"①

　　此帖使公众的注意力从抗震救灾中分离出来转而投向我军保障装备的落后，乃至军队腐败问题。此后，质疑军队救灾能力的观点逐渐成为主流声音，而此帖也激发了网民的社会底层意识和黑色情绪，网络上一片非理性的跟风谩骂。从此事件中论坛和微博回帖不难发现，相当一部分是对贪污腐败行为的情感宣泄，甚至对军队整体呈负面情绪。

　　在敏感时期、敏感事件中，网络"公知"、负能量"大V"尤其活跃，煽风点火的观点、故意抹黑的言论也随之而出。不管救灾部队在前方如何付出，对救灾军人的批评和质疑从来没有停止过，正如正能量"大V""书

---

① 贾世煜：《谁搅浑了这碗面？真假浑水泡面的台前幕后》。https://www.bjnews.com.cn/detail/155148075214289.htm1。

香满心"分析，"浑水泡面"保持较高的舆情热度，不能排除抹黑军队者的恶意炒作。由于普通网民对军事事件客观上的不可鉴真性和本身主观上的情绪化，受负能量"大 V"言论的影响，一些不明真相的网民则跟风选择性"站队"，对所有有关政府和军队的新闻习惯性地选择批评。

（2）网络舆论媒体之间的互动关系

虽然民间网络舆论场主体的互动是网络舆论发生的动力所在，但是所有主体的行为都必须依赖于传播媒体而发生作用，因此我们还必须进一步考察主流媒体网站、门户网站、网络论坛、微博等舆论媒体间的互动关系。通过对 271 条微博内容来源样本分析，如图 5–5 所示，在样本中，内容转载媒体网站和媒体公共账号的微博占 40%，[1]表明媒体网站及其公共账号的新闻仍然是微博用户的主要信息来源，尤其是"浑水泡面"这类突发性新闻事件，普通公众并不能直接接触新闻现场，只能转载媒体的报道，或者从公共账号转发的新闻后再进行转发。这说明在微博中，公共账号，尤其是媒体网站的公共账号更能吸引普通微博用户的关注，在引导微博舆论方面能发挥更广泛的作用。

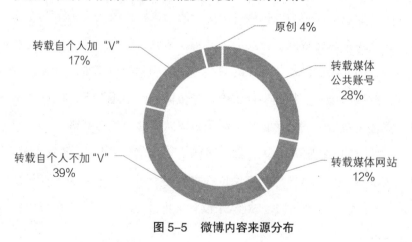

图 5–5　微博内容来源分布

---

① 刘轶：《中国军事舆情年度报告》（2014），解放军出版社 2015 年版，第 141 页。

转载个人不加"V"用户虽然占39%,①但这类微博用户数量基数庞大,基本上是转载其他普通用户对"浑水泡面"当事者各方意见的微博,并附上自己的见解,以评论并转发的形式对该事件进行关注和参与讨论。而在其中的评论中频繁出现的是转发带"意见领袖"属性的个人加"V"用户、媒体公共账号和媒体网站的相关内容。因此,微博公共账号,尤其是媒体网站的公共账号和带"意见领袖"属性的个人加"V"用户是引导网络舆论生态运行方向的关键因素。

在本案例中,虽然"浑水泡面"事件发展呈现出普通网民提供素材,官方媒体推动,门户网站跟进,最后官方媒体、微博、网络论坛、门户网站共同参与的局面,但是每一种媒体平台会表现出对同一事件评价的差异性,其信息既相互共享又相互影响,这也是网络舆论生态复杂性之所在。试想,拍客李某也并未曾想到这段视频会发展成为救灾进程中最伤军心士气的"事件"。

在新闻报道方面,主流媒体率先发声,对于其中的军方信息也大多是正面、直接的引述和描绘。虽然央广网和环球网两家媒体发生了关于"浑水泡面"新闻的真假之争,但主流媒体依然是对这种争议进行客观解读,并未对军方信息曲解或夸大事实。各商业门户新闻网站报道的议题设置也体现正能量。在"浑水泡面"的相关报道中,涉及军队作风方面多以奉献精神、纪律严明、顽强拼搏能吃苦为主题,涉及军事实力方面多以后勤保障问题和救援速度为主题,涉及军队性质方面多以和人民群众的鱼水关系为主题。

在微博中,由于篇幅受限、即时性强,最早发布"浑水泡面"事件的微博以及关键性信息的微博最易受到关注。而且微博用户的观点

---

① 刘轶:《中国军事舆情年度报告》(2014),解放军出版社2015年版,第141页。

基本是以评论加转发的形式附带表达出来，简洁而明确。微博用户群中，普通用户还是占大多数，其科学文化水平参差不齐，在微博评论中大部分也只是简单地评论加转发，发几个表情就可以表示赞同，骂几句脏话就可以表达不满。对军方信息的解读分两种，一是对救援官兵的无私奉献点赞，二是对军队后勤装备落实不到位而影响战斗力的质疑。在后来新闻真实性得到确认之后，网民关注的焦点开始分散出一部分到媒体专业素养上，有军人情怀的网民相比之下依然对军方持支持和赞扬态度，但仍有相当一部分网民始终呈现负面情绪。

在论坛中，由于不受篇幅形式的限制，意见表达相对更能显出解读水平。在论坛中，自身科学文化层次较高的网民更愿意以自身的知识积累去解读军方信息，显得论据十足，观点清晰，而一般的网民则只单纯发表自己的看法，不能以充分的事实材料作为依据，意见表达过于感性化。对军方在救灾中的表现，与微博类似，论坛中也存在两种声音，一种是对救援官兵无私奉献、吃苦耐劳的赞扬；另一种是对摆拍、军方救援设备以及后勤装备滞后的担忧和批评。但随着"浑水泡面"事实的澄清，论坛中网民对军方的态度并未因此而改变，反而加深了对军方后勤装备滞后影响战斗力的反思。

（3）主流新闻媒体与民间舆论主体之间的互动关系

随着网络舆论传播，公众对军队救灾能力和主流媒体公信力的质疑，对主流媒体和军队形成了巨大的舆论压力，此时必须积极给予回应，否则将会陷入舆论危机。

在本案例中，由于两家官媒间的"互掐"，后经新华网的细致调查才得以确认事件的真实性，这使得媒体的职业道德和专业素质成为网民关注的焦点之一。从媒体的报道角度分析，央广网和环球网记者的出发点并没有错，或许错就错在忽视了信息源的多样性。《环球时报》认定

"浑水泡面"是假新闻的依据，是救灾部队的负责人的讲话，实则类似"战争指挥官"，他只知道原则，知道方向，当然不可能知道每个细节。《环球时报》把涉事方负责人否认听说有"浑水泡面"的事情当作"事实"，这样的求证敏感新闻的办法不尴尬是偶然。

"浑水泡面"事件中，对具体情况最具有权威性和佐证性的军方信息源是来自救灾一线的指挥军官，这方面的最直接的军方信息源大致出现过两处，但是在各网络平台并没有被广泛传播，信息未充分释放。

第一处：来自第一批进入震中的解放军某支队政治部副主任说："由于山体滑坡，道路堵塞，全体官兵奉命轻装徒步前进，到达后先救人，随身只带了一点矿泉水和干粮，到达后先救人，没来得及，也没有条件吃饭。"

第二处：来自陆续到达重灾区的救援人员，武警云南省总队宣传处副处长罗祥富回忆："3日晚上电闪雷鸣，大雨倾盆。救人是第一位的，我们只能在半路扔下车、扔下给养，只求早一点到达灾区。"①

可见，军方新闻媒体与民间网络舆论主体之间的信息没有充分互动起来，这也是军队不发声、发声弱，"真相还在穿裤子，谎言已环游世界一周"现象产生的原因。

（4）网络"舆论旋风"的形成

通过对不同舆论载体、对信息的不同解读，以及民间网络舆论主体与网络舆论载体的互动关系的分析，我们可以发现网络"舆论旋风"最终形成的大致情形，如图5-6所示。

---

① 《青年报》：《记者调查证实"浑水泡面"属实》。http://app. why. com. cn/epaper/gnb/html/2014-08/07/content_216490. htm。

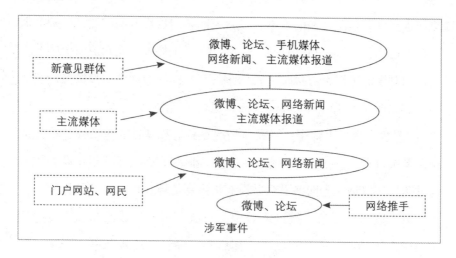

图 5-6　网络"舆论旋风"形成图

网络"敏感"信息出现，信息通过网络舆论推手的炒作，首先在微博、论坛中发酵，网民跟帖，门户网站的介入、主流媒体的关注使得事件广泛传播，此时网络媒介开始不断孵化出相关话题，话题开始新的迅速扩散，网络新意见群体对议程的设置和引导使话题向更宽泛的价值层面和泛政治化方向发展，成为煽动网民积怨的加压阀，使事件积聚出巨大能量，形成舆论焦点议题，舆论如同旋风一样同时在微博、论坛、博客、门户网站迅速扩散，全面开花，形成巨大的网络"舆论旋风"，对军队、主流媒体形成巨大的压力中心。

在这一运行过程中，可以清晰地看到影响舆论走向的几个关键因素：

一是微博公共账号，尤其是媒体网站的公共账号和带"意见领袖"属性的个人加"V"用户是引导网络舆论生态运行方向的关键因素。从案例分析数据得知媒体网站的新闻和公共账号是微博用户的主要信息来源，尤其突发性新闻事件，普通公众并不能直接接触新闻现场，只能转载媒体的报道，或者对公共账号转发的新闻进行编辑后再转发，因此，频繁出现的是媒体公共账号或媒体网站及带"意见领袖"属性的个人加"V"用户的相关内容。这说明在微博中，公共账号，尤其是媒体网站的公共账号更能吸引普通微博用户的关注，在引导微博舆论方面能发挥更广泛的作用。另外，网络"意见领袖"的关注点在某种程度上决定着网民的关注点。研究表明，人更容易接受与自己心理预期高度契合或是比较信服的人所传播的信息。[1]因此，我们应该充分发挥正能量"大 V"的作用，有效整合军地资源，利用军队知名专家学者、正面影响力大的名人，地方一些正能量"大 V"的影响力，及时主动地引导舆论走向。

二是网络推手煽风点火故意抹黑，绑架舆论走向。在敏感时期、敏感事件中，一些网络推手、负能量"大 V"尤其活跃，煽风点火的观点、故意抹黑的言论也随之而出。一般而言，正面以及中性新闻的传播力度与传播速度会远低于负面新闻的传播。出于各种目的，如受到商业利益诱惑、满足个人虚荣心等因素驱使，不能排除抹黑军队者的恶意炒作。

三是媒体公信力受损，弱化了舆论导向能力。提供最准确的新闻和思考、最真诚的道德和责任，永远是媒介公信力和生命力的源泉。不可否认，现在不少媒体的公信力在下降。有的只强调了新闻的快速而失去报道的准确，有的为吸引眼球、博得关注编造出耸人听闻的极端信息，有的在宣传典型时刻意夸大拔高，有的把新闻事实根据需要随意剪裁，有的对图片报道摆拍、PS，这不仅酿成恶劣的社会影响，也损害了媒体的公信力。而且，受思想多元化的影响，媒体打"悲情牌"想引起人们的更大感动的报道方式已经失去生命力。由于对新闻报道中长期存在的正面宣传刻意拔高方式的逆反，因此也带来网民"有图未必是真相"的质疑，也就是说舆论对"悲情英雄主义"不再买账。

---

① 吴穹、马永富：《军队网络意见领袖的培养使用》，《政工导刊》2015 年第 2 期，第 14 页。

同时，在快速发展的信息化时代，看图片、看图片说明成了网友浏览新闻的一大习惯。图片虽然有吸引力、说服力，但图片只是记录一瞬间，故事的诸多细节很难在一张图片中全面呈现，这也对如何提高主流媒体公信力留下思考。

四是军队媒体要及时发声，传播军方好声音。面对网络信息环境的复杂性和意识形态领域斗争的艰巨性，军队媒体应具备舆情预测观念，内外兼顾，在表述上注重讲好军队故事，将正能量信息最大化，在出现杂音时，要及时发声、澄清不实言论，加强与民间媒体的沟通，发布最权威的军方信息，打通军方信息源到达民间网络舆论场的通道，增强涉军舆论应对意识，把对军方形象的不良影响降到最低。

（二）案例2："美军华裔女兵征兵宣传"走红网络事件

在中美战略博弈大背景下，美军华裔女兵高某某以加入美军空降兵的经历迅速走红中国网络。这是近年来，以美国为首的西方反华势力，积极借力中国社交媒体进行网络意识形态渗透的典型案例，无论从观念认识到实施手段都形成了系统性的设计，我们需对其运行过程和结果进行分析，其中的特点规律与经验教训值得总结反思。

1.事件运行过程分析

（1）社交平台自爆话题引发关注

近几年，由于国家对网络舆论生态整体治理取得成效，加上军队开始主动设置议题、科学投放观点、及时释放信息，围绕军队改革、建设、军事行动、军民关系、军人形象等可炒作的网络负面舆情大幅减少，正面舆论效应不断叠加，舆论炒作空间被进一步压缩。然而，在2019年中美贸易战打得不可开交之际，国内网络平台却流传着"美军热""外军秀"，推销"职业军人"谬论，诋毁我军兵役制度，矮化我军形象，削弱我军对适龄青年入伍感召力的舆论事件。

在本案例中，被关注的话题首先发布在自媒体平台，微信公众号成为舆论的起点，涉及言论及意见由少集多，在多款社交平台上迅速传播，进一步演化成具有消极舆论影响力的舆论事件。

事件起源：2019 年 4 月 2 日，微信公众号"17 层"首发《我，25 岁，从小在深圳长大，现在是美国陆军空降兵》的文章迅速在网络走红，点击量不到一天就破 10 万。"深圳长大""美国陆军空降兵"这两个标签组合叠加，就足以吸引眼球。这名叫高某某的女孩，出生在中国深圳的中产阶层家庭，高考后选择去美国洛杉矶一所艺术学校留学，在美留学期间，加入美国陆军空降兵，其在美军营里追求个性、享受生活的传奇个人故事立即让其爆红网络。有着小麦肤色的高某某文身、打泰拳、玩摩托、玩 cosplay，最喜欢的动物是蛇和蜥蜴。留学生的身份，独特的作风，充满挑战又似乎一帆风顺的开挂人生，高某某充满吸引力的成功之路让她的社交账号吸引了一大波关注。网络爆红之后，这位"硬核"少女开始了网络秀，在微博上，大号小号双管齐下，一边秀自己在美国的美好生活，一边不停地发布所属部队各种炫酷的训练、演习的自拍和摆拍照片，时间、地点、人物都非常详细。

高某某在这篇爆款文章中，列出了不少自己在中国和在美国生活的区别。比如，在中国，她因为肤色黑而遭到嘲笑，所以费尽心思想让自己变白；到了美国，这个以白人为主流族裔的国家，她发现大家都在努力把自己晒成古铜色、小麦色的皮肤。"这让我的肤色一下子显得特别正常，看上去就像本地人一样。从此我就打开了新世界的大门。凭什么白才是好看？"

高某某笔下美军的日常生活：

"正式上岗后，我的生活其实跟别的打工族差不多，就是上班、下班，训练时每天早上五点起床，晨练后九点才上班，工作有双休，而且节假日还特别多，各种纪念日都会放假，每月两次按时发工资。"

"美军的生活其实要比大家想象中丰富许多，下班后的时间和各种假期军队都不会插手。雪地摩托、攀雪山、滑雪、冰钓我已经玩了个遍；想休息的日子也会在宿舍里看看动画节目。"

在文章结尾，高某某升华了下全文主题，表示自己分享出这些经历，就是为了"让大家看到这样一个可能性：无论想要怎么样的人生，我们都可以努力去实现"。

文章一出，网民对这位有着国内少见大面积文身的横空出世的美女几乎是一边倒地欣赏膜拜，能通过美军 Air Borne 资格选拔的华裔女兵凤毛麟角，能评上 Iron Solider 更是不易，她的勇气和魄力实属少见。加上其营销号成功抓住了机车、装备、泰拳这些年轻人的爱好，高某某这个兼备能力和积极向上能量的 ID 号一夜蹿红。

（2）话题迅速扩散与爆发

信息形成话题并能够迅速扩散的前提是话题经过不同舆论主体间复杂的信息和能量交换之后，形成正面或反面的网络热议。

高某某的文章发布不到 24 小时，点击量就站上 10 万的高位，其文章被众多公众号和网民转载，高某某"硬核美少女""张扬个性""炫酷美军"的逆袭人设受到一些青年网民追捧。4 月 2 日，舆情显现，此后舆情持续走高，4 月 5 日达到峰值。高某某在微博中的吃喝、训练日记受到大量网民围观，粉丝迅速突破 20 万，每天保持 10 万以上的阅读量和 2000 以上的互动数。据调查，高某某在国内抖音、B 站、斗鱼等多款社交平台上长期以图片和视频形式展示美军日常生活，如日常饮食、射击打靶和跳伞训练，挑起国内，尤其是留学人员对于美军的好奇与向往，招揽中国青年前往美国参军。其在置顶帖文中主动推介洛杉矶、圣地亚哥的华人征兵的联系方式。不少网民将高某某所谓的"逆袭"当作励志故事，对其"遵从内心""张扬个性"的举动表示推崇，认为高某某"魅力爆棚"，代表着"自由勇敢的生活"；部分网民由此讥讽我军训练和管理模式僵化、落后；部分网民认为高某某炫耀参加美军是正常的、有益的，批评高某某就是"幼稚"，就是"柠檬精"；还有网友在留言中直接询问如何加入美军、获得美国国籍，个别留学中介网站还提供有关咨询，如图5-7所示。

加入陆军"紧缺人才征兵计划"（MAVNI）六个月入美国籍
年轻华人移民美国新途径（上）

图5-7 留学中介网站广告

（3）话题变换到价值观和泛政治化层面

话题形成后，经过复杂的交流整合，话题转向价值层面和泛政治化的焦点议题。

随着对高某某身份、经历好奇的驱使，各路网友因她的可疑操作，开始质疑她的动机。在本案例传播过程中主要形成"质疑高某某入伍动机""参军时承诺忠诚于美军，会向前同胞开枪吗""存在替美军征兵的行为""伪造姓名，骗取双重国籍"等议题。围绕这些焦点，已开始脱离事件本身，引发对兵役招募、主流价值、多元文化等话题的热议。

一个中国女孩，去了美国当兵，从此为美国扛枪杀敌，这样的话题迅速引发了巨大的争议。有人赞赏这个姑娘的独立、自由，有人则直斥该女孩"叛国"。有网友指出，在入伍时，就会有明确提问，"能否为了美国的利益，向前同胞开枪"，而只有回答"Yes"，才能入伍，如图5-8所示。

还有网友表示，高某某还有替美国军队在中国招人的嫌疑。在自己的微博上，高某某多次提到中国人如何参加美国军队的问题，并且表示能够推荐华人征兵官的联系方式，如图 5-9 所示。

我美国的亲戚介绍过参军入籍的套路。调查中会明确要求回答，如果有一天你被派往前出生地执行任务，你是否能够做到维护美军和美国的利益，坚决执行军令向前同胞开枪。这位美少女，难道没有回答Yes吗？回答了你有什么立场跑回来耍酷？

图 5-8　话题引发争议

关于如何参军：我不是征兵官，无法给出负责的回答，请自行咨询当地征兵办公室。洛杉矶/圣地亚哥地区如有需要我可推荐华人征兵官联系方式。

图 5-9　高某某微博截图

有的网友认为，高某某已经入了美国国籍，她爱怎样就怎样，谁也管不着。有人则认为，她不可能一边在美国获得军人福利，一边又想在中国得到一致的夸奖与好评。

舆论发展到变换期，高某某从军记的真实动机已不重要，此时，她已经起到了一个网络示范和导向的作用，美军训练管理待遇的优越性无论是否夸张或真实，已潜移默化普及给关注此舆论事件的年轻网民，尤其是中国大陆在美留学工作学习生活人员，觉得参加美军是加入美国国籍的一种捷径，是张扬个性、实现价值的流行时尚，是待遇从优的高回报职业。

（4）焦点话题的消解

网民对舆论信息真实性和准确性的追求是网络舆论生态调节平衡规律发生作用的动力。

高某某受到网络吹捧，如果这一切真的都是一种随性的个人选择，倒也无可厚非。然而，网络舆论局对其相关帖文的内容选取、语言风格、发布时间、发帖设备、联动特征等进行追溯分析，掌握了高某某的一些相关资料，分析到美军的社交媒体使用规定和高某某个人不使用 Facebook 和 Twitter 却一味在国内社交媒体进行营销炒作的特征，而且多个有外军背景的微博"大 V"和一些"公知"一同进行转发，在各个话题中一起回复质疑，为其炒作推波助澜，协同联动特征明显。

高某某作为一个在美国生活的美军现役军人，却在中文互联网事无巨细地分享自己军队训练的日常生活，军队的信息真的可以这样大张旗鼓地在互联网上流传吗？事件爆发后，高某某几乎全时段回复，对一些负面留言快速删除，频繁在其他微博下抢热评，与其美军现役身份和约束条件存在矛盾之处。高某某的微博大小号使用几部不同的苹果手机发布，甚至包括比较旧的 3G 手机 iPhone4。综合研判，高某某在国内社交媒体的多个平台账号并不是其个人在运营，而是有组织的团队策划、刻意炒作，对于国家认同、我军形象、主流价值等具有一定程度影响，须着力加强管控和舆论引导。引导主要形成"高某某参加美军的真实动机""真实的美军""为国而战与为国籍而战"等三个焦点议题，如图 5-10 所示。民间自媒体首先发起对高某某的起底声讨，推出《她，25 岁，为了国籍，加入美军》《警惕华裔美军社交媒体账号火爆背后那些不可告人的目的》等文章，起底高某某为绿卡假结婚、为国籍加入美军的事实。发布《这才是美军》《这些替美国卖命的华裔美军，被美国主子卖了》等，揭露美军内部吸毒贩毒痼疾难愈、性侵霸凌案件频发、走私贪腐持续高发等丑闻，曝光美军长期以来种族歧视根深蒂固，而处在鄙视链最底层的不是非裔、拉美裔，恰恰是华裔，甚至有些华裔士兵不堪遭受虐待而选择自杀，回击网上流传的"炫酷美军"幻想；刊发评论《当你境外参军的时候，如果开战，我们会毫不犹豫地开枪》，深刻揭示军队的政治属性，旗帜鲜明宣示国家和民族立场，直击高某某炮制的"加入美军是正当的、高回报的人生选项"等，通过引导凝聚主流价值，通过家国情怀、民族大义，唤起网民正向认知，形成网上强大正能量。

图 5-10　紫光阁评论

从效果反馈来看，网上对高某某的态度发生逆转，最终持否定批驳态度的占到 84.2%。同时，进行管控降温，密切监控网上动态，加强与中央网信办应急局会商研判，对部分视频、帖文做沉底降温处置，对恶意炒作、蛊惑煽动的账号和"大 V"予以禁言关停，有效防止了舆论过热跑偏。

5 月中旬，高某某的微博被封禁，她在国外社交媒体平台 Twitter 和 Instagarm 上以 @tiancailunatic 的 ID 开设账号，继续使用相同的方式发布关于个人活动和美军生活的帖文、照片和视频，获得 1.6 万粉丝关注，粉丝几乎都用中文留言支持。

2. 事件运行结果分析

近年来，以华裔美军军人身份出现、宣扬美军生活方式和价值观念、介绍美军征兵项目的内容，已经在国内社交媒体上全方位展现，成为美军征兵宣传工作和网络舆论渗透的一个重要落点。"美国陆军"微信公众号即美国陆军少尉创办，在 2018 年年底就曾为高某某造势，相关知乎和抖音账号在 2018 年集中出现，在 2019 年之后越发活跃，呈现出以点带面的宣传声浪和幕后组织的隐性特点。

（1）传播内容针对特定人群进行精准设计

从标题看，《我，25 岁，从小在深圳长大，现在是美国陆军空降兵》，针对青少年群体，具有中国大陆生活背景，又成为美国空降兵，具有传奇性，标题就起到了极强的吸睛效果；从内容要素看，选取的文身、骑摩托、摄影、cosplay 等个性化特点符合青少年文化消费和心理需要，而尤其文身又与中国大陆征兵条件格格不入，其特立独行、成绩强于男兵的特点也符合女性追求自由、独立、平等的形象诉求，内容本身就具有话题性；在语言使用上，2013 年赴美留学的高某某，具有中国大陆语言文化背景，与其他海外华裔军人术语多、英文多的语言特征不同，全部使用中文发布内容，语言表达更贴近国内网民的阅读习惯。

从其走红网络及影响看，国内网络平台流传的"外军秀""美军热"等不能简单视之，特别是一些看似纯粹的"软文"，背后可能具有很强的设计性、目的性。

（2）传播过程冲击我们的主流价值观

近年来，以华裔美军军人身份出现，宣扬美军生活方式和价值观念、介绍美军征兵项目的内容，已经从《我在美军航母上的8年》《穿越火线：我在美国当大兵》等讲述华裔青年在美军建功立业的书籍发展到国内社交媒体上的全方位展现，成为美军征兵宣传和网络舆论渗透的一个重要落点。例如，"米国陆君"微信公众号开设"华裔美军"专栏，对包括高某某在内的各色华裔美军进行宣传，阅读量居高不下。它们以华裔青年的面目出现，自述经历，以加入美军、追求自由、成就梦想为卖点，以图、文、短视频为形式，以国内社交媒体为平台，直接渗透网民施加影响，迅速拉近与国内青少年网友的距离，有效营造"你也可以这样"的舆论氛围，更为隐晦地营造美军形象和输出美式价值观，极具迷惑性和欺骗性。据数据统计，抖音、B站等平台账号宣传的外军种类超过5种，其中抖音账号"Coast_Cai""121S.A.T的过气炮灰美军"等发布的相关视频点赞量均突破20万。这种海外华人通过国内新媒体现身说法宣扬西方价值文化的一种潜隐式传播，反映了长期以来我国在主流价值观传播中被单向输出和渗透的困境，在自我形象塑造上的不平衡与不对等，使我们在网络空间的形象塑造上居于不利位置。

（3）传播目的具有隐蔽性和引导性

高某某的帖文，偷换"职业军人"概念，把参加外军获取外国国籍包装成独特的高薪就业方式，弱化军人国籍差别，忽视军队的政治属性与阶级属性，呼应"公知"宣扬的"国际公民"论调。高某某以语言专长加入美国"紧缺人才征兵计划（MAVNI）"，以大陆语言背景效力于美军，引发网友将此事联系到曾经的吕超然事件①，认为一旦两国开战，这个人就有可能将枪口对准中国人。

她的帖文有意对比其在国内的"格格不入"和在美国当兵的自由，突出符合西方推崇的个性特征，标榜"包容、自由"的美军生活；其围绕青少年关注的兴趣制作传播美军训练的内容，标榜美军"训练炫酷刺激"，夸大美军战斗力，刻意展现美军的优越感、颂扬美军管理模式，通过"刻板""土""压制个性自由"等标签诋毁我国的兵役制度、矮化解放军，影射国内的征兵条件压抑"自由"、军队管理教育方式落后，抑扬之间暗含着价值观和意识形态渗透的内容，引导青少年崇拜外军，构建青少年对外军的认同感，削弱我军对于适龄青年的感召力，会冲淡"有志青年，参军报国"的主流舆论导向，影响我国适龄青年参军热情。

总之，伴随着境外信息境内倒灌，社交媒体平台加剧了信息环境的复杂性，引导、监管社交媒体是加强舆论引导工作的当务之急。从本案例看，对国内网络平台流传"外军秀""美军热"不能简单视之，必须加强预警，将其作为有害意识形态安全的重点敏感内容，强化把关和源头治理，彻底阻断此类内容在国内的传播链条。对于国内社交媒体运营商和一些互联网公司，必须在严明管理法规的基础上，强化意识形态导向和责任意识。

---

① 吕超然，早期移民之子，曾经以美国军人的身份参加过美国对朝鲜和越南的战争。他曾经坦白，自己在朝鲜战场上被中国人民志愿军包围时，大喊"别开火，我是中国人"来迷惑志愿军。然后在志愿军疑惑的时候，跟美军一同开枪，造成志愿军的伤亡。

第六章　互联网舆论生态面临的问题

　　在对网络舆论生态的环境因素、内部要素、运行机理三大主体结构进行论述后，已经对网络舆论生态有了总体把握，也能够更加深刻、理性地看待目前存在于网络社会中各种舆论现象，本文在此梳理出当前网络舆论生态所面临的问题，以便提出积极有效的应对方法和措施。

一、网络舆论形成的"门槛"大大降低

互联网在中国经历了一个快速发展的过程，自 1994 年互联网进入中国以来，随着互联网技术的不断发展，一系列新的网络应用形式不断涌现。2000 年，博客开始进入中国并迅速发展；2003 年以百度贴吧为代表的各类论坛、网络社区开始不断壮大；2007 年，王兴推出中国大陆首个微博应用； 2010 年被称为中国的"微博元年"；2013 年微信随着移动互联网技术的发展迅速崛起；2016 年起，短视频平台在国内迅猛发展，各大互联网平台均积极布局短视频业务。由于无线网络环境的日趋完善，手机等移动上网设备的普及，各种应用软件的日益丰富，提高了人们使用手机上网的意愿，带来了网络表达的"低门槛"。

哈佛大学心理学教授 Stanley Nlilgram 的"六度分割理论"认为，最多通过六个人，你就能够认识任何一个陌生人。这说明网络时代，每个人的社交圈都可以形成一个以兴趣、话题为中心的人际关系巨型网络结构，每个人都将集信息接收者、制造者、发布者、传播者等身份于一体。敏感、重要的信息一经在网络上报道，很快就会由点及面、由单人到群体、由单个组织到多个组织、由一国到多国进行扩散，迅速形成网状传播态势。互联网的低门槛、隐匿性、虚拟性和数字化传播的快捷方式，使原本相隔甚远、素未谋面的人，可能仅仅由于对舆论事件的某个话题、某种观点有共同兴趣，不论信息内容量大或小，不论形式如何呈现，不论吸引度高或低，只要有兴趣，就会迅速形成一个关注事件的庞大群体。而且由于在不同网络群体形成传播扩散之势，这种传播极有可能在跨组织、跨群体的传播中形成变异，被多样化地演变为各种版本的信息。

据统计，一条敏感信息传上网后，一般 2 小时内互联网就会形成文字或视频讨论，6 小时内被网站转载，24 小时内跟帖进入高潮。网络信息传播的低成本性、易获得性，使得网民获取信息和发布观点变得非常容易与便利，同时也催生了"网络推手""网络水军"等特有现象，为针对某一舆论事件的炒作提供了更大可能性。

二、负面舆论在网络传播中极易发酵

网络舆论事件具有多维性，涵盖了各个领域、各个层次、各个方面的信息，既有健康向上的，也有消极阴暗的；既有正面报道，也有负面诋毁；既有积极友好的，也有蓄意攻击的；既有客观评论，也有主观臆断。作用对象既面对社会大众，也直接影响特定群体的价值判断。心理学研究表明，人们对外界威胁自身安全的负面信息具有天然的接近性和高关注度。有学者在考察网络事件的信息倾向后发现，网民对负面信息的关注度较高，负面信息占到总体的 74.2%，中性信息占 20.7%，正面信息占 5.1%。[1]因此，舆论信息中，一旦负面报道出现，或者有意将正面报道进行负面解读，很快就会引起网民广泛关注，并形成热点持续发酵，如果不及时进行澄清，其热度往往较为持久。

互联网成为炒作负面信息的主要平台。俗话说，"好事不出门，坏事传千里"。互联网是社会舆论的放大器和各种思潮的集散地，网络的虚拟性，为负面消息传播提供了空间和机会。在 2014 年，手机就已经成为中国网民上网的第一终端，与手机联系紧密的微博、微信等社会化媒体应用呈现骤升和饱和态势，依托各类移动终端的社会化新媒体已经

---

① 柯贵幸：《方兴未艾的涉军网络舆情》，《国防科普》2012 年第 4 期，第 76 页。

成为敌我意识形态斗争的新战场。网上负面舆论很容易被所谓"公知大V""网络推手""网络水军"炮制散布，引发舆论风暴。例如，网络上刮起一股对主流媒体正面报道进行负面解读之风，一些网络"大V"为了博得眼球，故意断章取义、篡改新闻标题，吸引和诱导粉丝和其他网民跟风炒作。《解放军报》刊登了一篇实战化训练的新闻调查《打假治虚，犹如刮骨疗毒》，介绍部队查找自身问题，根治训练作假行为的报道。微博"大V"@"大鹏看天下"故意对文中提到部队以前存在的问题做出负面解读"我军训练频繁弄虚作假！"，短时间内被转发了3000多条，引发对我军训练水平和打仗能力的一片怀疑。

三、网络负面舆论的表现和危害

当前，我国的互联网舆论整体环境向好，弘扬主旋律是社会共识。但由于受网络匿名性和开放性等因素影响，在新的应用层出不穷，监管受到挑战等形势下，信息秩序仍然会受到不良信息挑战。意识形态斗争、各种利益诉求、思想文化交锋、社会舆论炒作，都会影响到网络舆论生态的良性发展。"互联网是我们面临的'最大变量'，搞不好会成为我们的'心头之患'，在互联网这个战场上，我们是否顶得住、打得赢，直接关系我国意识形态安全和政权安全。"①

当前网络负面舆论主要表现在境内外势力遥相呼应将国内社会生活中一些矛盾问题放大、借机渲染甚至造谣，直接煽动对党、政府及军队的不满。互联网络舆论负面危害可以概括为七个方面：

---

① 中共中央文献研究室编：《习近平关于社会主义文化建设论述摘编》，中央文献出版社2017年版，第29页。

一是借助网络"水军"、"大V"推手，极力放大整个社会负面情绪。近年来，社会转型期的阵痛引发社会矛盾凸显，一些负面现象容易引起网络群体极化现象①，在网络上表现出语言偏激和一味谩骂。网络热点舆论本身具有跟风性、轰动性、连锁性、窥探性的特点，事件本身容易引发燃点和爆点，特别契合敌对势力进行煽风点火、扩大事端、造谣抹黑的需要，更是其放大社会负面情绪，煽动社会不满情绪的惯用伎俩。

　　网络中暗涌着一批效力于西方势力以公关名义存在的网络推手和写手，他们是资深的网虫，拥有丰富的网络资源，又深知网民心理，以平实的手法、百姓说事般的口气，扛着为公众揭示真相的旗帜，却怀着诋毁攻击党和政府的用心。由于境内网站监管力度的不断加大，现在很多网络谣言先在境外网站或媒体出现，然后境内境外敌对势力密切配合，在国内借助网络写手、"大V"推手、网络"水军"等进行炒作，并故意设置议题引导舆论走向，将不良情绪在网上无限放大，产生群体极化效应，形成越是反主流、反权威、反传统就越得到喝彩，而理性、正义、正面的声音则常常遭到排斥挤压。如在"互联网行业996工作制"事件中，部分外媒及"大V"煽动程序员、学生参与抗议，故意将其政治化，把企业加班说成是"压制民主""剥夺人权"，挑起群体性事件。

　　二是实施文化渗透，物色和扶持西方代言人。西方反华势力在境外的大学、机构培养出一大批政治上坚决反共反社会主义制度的知识分子，并且这些知识分子主要来自中国的"异见者"或者当地的华裔；在境内

---

① 群体极化现象：群体极化概念来自社会心理学的群体决策，指群体成员中原有的某种倾向性得到加强，使一种观点和态度从原来的群体平均水平加强到具有支配性地位的现象。根据这种理论，原来群体支持的意见，讨论后会变得更加支持；而原来群体反对的意见，讨论后反对的程度也会变得更强，最终使群体的意见出现极端化。

打着"资助民间学术机构"的幌子，投入大量资金，以学术讲座、国际会议、学术赞助、教育交流等名义想尽办法接近和拉拢控制国内中青年学者，扶持西方代言人，用所谓"宪政主义""普世价值""公民社会"等影响我国知识分子，达到文化渗透的目的。这些具有一定话语权的所谓网络"公知"在中国互联网平台上，竞相高举网络"意见领袖"的大旗，呼风唤雨，扮演着反党反体制的各种角色。一些加"V"认证的网络"公知""意见领袖"，出于"学术"和"思想"上独到创新，摆出各种"反体制"的造型，浑身散发着自由民主斗士的光芒。而互联网新技术的发展孕育出新的商业模式，具有知识、名气等资源的人的"反体制"造型更能轻易转化为道义资源和商业利益，在新媒体领域以反主流、反权威、反体制的表演博得关注和打造"大V"的影响力成为可能。

三是散布历史虚无主义，歪曲党史军史。欲亡其国，必先灭其史。以"再认识、再评价"历史事件和人物，借口"还原历史""反思改革"等，重新评价历史，公开否定党史军史上已有定论的重大历史事件，否定正面历史人物，热衷为反面人物翻案。一些别有用心者打着"公正看待""恢复客观原貌"的幌子，公开宣扬否定中华人民共和国成立后取得的各项成就，夸大党在执政过程中出现的各种失误，抹杀共产党领导的历史合法性，从而搞乱我们的主流价值和思想根基。例如网络上刮起否定"五四运动"之风，说什么"五四运动"名为反帝反封建，实际是把中国带向歧途，今天的中国要想走向一个确立和保护个人权利的自由方向，首先就要从否定"五四"开始。众所周知，"五四运动"是一场救亡与启蒙的爱国运动，直接影响了中国共产党的诞生和发展，为中国共产党的创建创造了条件，所以否定"五四运动"的政治目的和意识形态企图是非常明显的。又如，在中华人民共和国成立70周年前夕，网上出现大量诋毁国史、党史、军史的文章，对中华人民共和国成立 70 周年以来取得的成就进行解构和抹黑。

四是恶搞唱衰红色经典、革命英模。以"言论自由"为幌子，有的网民通过恶搞的方式，编造、戏说那些为了新中国成立和建设而流血牺牲的革命烈士和英模人物。雷锋、刘胡兰、董存瑞、黄继光、张思德、焦裕禄等英模人物，不少都被编造成各种版本的笑话。如将董存瑞的牺牲说成是由于双面胶粘住了手无法脱身，将黄继光堵枪眼说成穿了劣质"防弹衣"而被骗等，甚至发展到从"专业"角度否定红色经典的地步，如提出"邱少云在烈火中一动不动岂不违反生理学？"等文章层出不穷。像这类貌似专业"科学"分析的文章，青少年看了，还会相信黄继光、邱少云吗？几乎所有"恶搞"的帖子，都不同程度迎合了网民的好奇心，点击量非常大。如果不间断地用看似好笑的"恶搞"帖子去迎合青少年的好奇心理，塑造这种哗众取宠的传播风格和离经叛道的表现方式，青少年就会把追逐无厘头当作时尚，把叛逆、反传统作为价值取向。所以，英雄的精神和形象在人们看似好玩的心态阅读和传播过程中，就已经受到损害，这种对革命烈士和英模人物进行的肆意诋毁和彻底否定，扭曲了党和军队的精神根基，也削弱了人民群众对党和军队的信任。

五是丑化矮化党和政府及军队形象。几乎每一个热点事件背后都有一批利用这些重大事件抹黑造谣的专业团队，他们通过文章、视频、漫画等形式大肆传播谣言，抹黑政府、警察、军队、医生等文章层出不穷，目的是煽动网民情绪，破坏国家和政府公信力，树立人民与公权力机关的对立和不满情绪。例如，在军事领域，表现在从理论上鼓吹军队国家化、军队非党化、军队非政治化，诋毁军队的政治制度。将我军"党指挥枪"的军魂和制度与纳粹党军模式相比较，将我军"政治工作生命线"作用论证为制约军队改革的掣肘等，甚至对一些群体性事件，哪怕用移花接木的 PS 手段，也要和军队扯上关系，制造"军人干政"，散布军队镇压老百姓的恶性谣言。部队救灾现在也成了某些"公知"造谣抹黑的重灾区，只要是部队救灾，一些"公知"每次都会不顾救灾实情，在网络上指指点点，指责救灾部队缺少这样那样的专业救援知识和装备，千方百计寻找抹黑攻击点，最终再将话题引申到军费都花到哪里去了、军队腐败等方向。

六是不遗余力地"妖魔化"中国。在既有的"西强我弱"这一不平衡的国际舆论场中，以美国为首的西方国家，通过全媒体、全球化的高密度传播，在短时间内迅速产生影响，将中国共产党"妖魔化"，将中国政府塑造成"专制""集权"形象，中国国际形象塑造的被动性体现得较为明显。特别是新冠疫情暴发以来，西方媒体一直"孜孜不倦"地借疫情说三道四，趁机抹黑妖魔化中国。例如，在疫情初期诬蔑中国政府妄图通过信息管控阻止民众得到关于疫情的真实消息，并声称疫情"可防可控"，直接造成了无数生命逝去；疫情中期诬蔑中国政府为了补救早期错误，利用集权体制侵犯人权，剥夺民众的自由和隐私，用刻板严苛的手段虐待民众，民众因强制隔离而流离失所；疫情后期诬蔑中国作为新冠疫情的发源地和疫情蔓延的罪魁祸首，妄图通过援助他国来赎罪，中国通过强权政治美化自己为世界的救世主，以提高国际影响力，[1]等等。

七是组织网络围攻，打压抹黑爱党爱国爱军言论。随着监管力度的加大和网民的日益成熟，特别是正能量网民积极发声，使网络舆论风向一度向好。然而，一批境内外反华势力组织网络力量，或注册与

---

① 微信公众号"新闻传播学胡老师"：《厘清事实，直击真相：被妖魔化的中国抗疫 VS 西方政客的无耻与双标》，2020 年 4 月 3 日。

正能量网友相似账号并发表大量负面言论，或利用技术手段攻击、盗取实名认证的爱国爱党人士微博账号并发布黄色、反党等信息，或乱扣帽子，或用"水军"围攻发表爱国言论的专家、学者、明星等公众人物。这些正能量人物有的被造谣污名、电话骚扰、亲友恐吓，有的被网络暴力的同时遭受现实骚扰，甚至被迫调离岗位或被人为的诉讼缠身。在军队系统，最具典型的代表就是微博上对军方的知名专家学者罗援、戴旭的攻击和谩骂，他们承受着人肉搜索、网络语言暴力围攻、大肆抹黑、造谣污蔑等巨大心理压力，成为互联网民间舆论场军方的孤胆英雄。从网络"公知"茅某某发文"从围剿罗援和戴旭看网络战的胜利"等言论，可以看出当时受军人不能上互联网等的限制，这块舆论阵地几乎拱手相让，微博成了恶意攻击军队的最大最有效的公共平台，即使到今天网络舆论生态在综合治理下有向好发展的趋势，我们仍然会看到一些所谓网络"公知"对军队无底线的恶评。

四、网络负面舆论的特点分析

纵观近些年来，网络负面舆论及其发展，出现了一系列新特点、新趋势，认真梳理这些特点、趋势，对于深入把握网络舆论斗争规律，增强其生态建设主动性和自觉性，具有重要意义。

一是内容属性具有鲜明政治性。近年来，一些涉及政治问题的网络负面舆论呈井喷状态，这些网络舆论矛头直指政府、军队、警察等公权力部门，如大肆曝光和夸大一些政府官员的失当行为，进一步利用网络造谣生事，煽动民众不满情绪，在抹黑政府的形象的同时还抹杀政府所取得的成就，从而达到降低政府公信力、最终影响政府执政能力的目的。国内外反华分子相互策应，利用互联网极力散布各种政治谣言和错误思潮，其惯用手法是通过搜集对己方有价值的敏感信息，或者故意编造舆论话题，经过加工整理，控制和引导网络信息流动的内容和方向，有目的地传播、扩散出去，网络上出现的否定我党历史、抹黑我军英雄、攻击党对军队领导制度这些现象的背后都有险恶的政治用心。在社会不良情绪作用下，负面舆论炒作已经成为敌对势力抓住网民心理、触动网民痛点、形成舆论焦点，抹黑政府、军队形象的重要手段，对此惯性状态，我们要保持高度的政治警觉和清醒判断。

二是舆论态势具有激烈对抗性。我们与敌对势力在互联网上的较量本质上是两种价值体系和社会制度的较量，是意识形态的斗争，是不可调和的，有些问题不是认识问题，而是立场问题，不是通过学术交流、理论探讨进行宣传教育可以解决的。意识形态对国家和民族而言有着重要的意义和作用，它决定了国家的主流价值，决定了国家的路线、方针和政策走向，网络意识形态作为当前意识形态传播的重要形式，对国家发展有着重要的影响。西方国家一直以来就将我国视为最大的竞争对手，在网络上攻击我国的社会制度、价值观念，妄图在我国实施西化、分化策略，其在网络上进行意识形态渗透的方式多样：打着人权的旗号对我国政治施压，利用邪教组织对抗马克思主义、丑化社会主义制度，利用国内的反动分子进行渗透和颠覆活动。网上舆论斗争已经成为意识形态斗争的主战场，斗争层次更高，更难防范应对，激烈对抗程度可以说不亚于真正的战场，而且将来只会更加尖锐激烈。

三是传播实效具有迅速扩散性。当进入自媒体时代，人人都是发言者，网络用户大众化、发展移动化、传播碎片化趋势越来越明显，微博、微信已成为网上舆论的集散地，负面信息传播的集散地。

水波效应，能量巨大。水波效应是指人们对程序的甲处进行修改时引出乙的错误，修改乙时又影响到丙，以此类推形成一石激起千层浪的连带影响的局面，泛指连锁反应一个带一个。以新浪微博为例，一个人拥有 1 万粉丝，每个粉丝再有 100 个关注者，仅仅两次传播，影响就能达到百万量级。在新浪微博上超过 3000 万粉丝的"大 V"用户有 1500 多个，在新浪网注册的微博账号已超过 3 亿，更何况此外还有各种博客、论坛、社交网站等。每个账号都是一个自媒体，都可以发布信息、传递观点，产生惊人的叠加效果。

蝴蝶效应，风险不可控。"蝴蝶效应"①反映在网络舆论传播中，通常呈现出事件的初始变量都很微小，但是由于网络舆论的非理性特点，往往只是一句网络谣言，一幅照片，很快就会成为点燃舆论的导火索，产生"蝴蝶效应"，演化为巨大的舆论事件。一条敏感信息通过微博、微信、论坛 4 个小时可以形成跟帖高潮，24 个小时就能形成风暴效应。如云南鲁甸"浑水泡面"事件、多起热炒学生军训事件在一天之内迅速演变成全国性重大涉军负面舆论事件。

破窗效应，危害叠加。"破窗效应"②说明不良现象如果被放任存在，会诱使人们去仿效，甚至变本加厉。"破窗效应"启示我们，如果某种违反制度的行为，没有得到有效制止，就可能有"更多的窗户被打破"，制度之堤，毁于蚁穴。负面信息一旦进入网络，如果没有得到有效约束，便在强烈的暗示氛围中滋生泛滥，产生攻击性的行为，甚至成为一种值得炫耀的行为。

四是情感表达具有一定偏激性。有学者分析，网络民意有三种面孔值得关注，第一类是寻找存在感，这些人在现实社会里大多数是边缘和

---

① "蝴蝶效应"由美国气象学家洛伦兹在解释空气理论时提出，"亚马孙雨林一只蝴蝶翅膀偶尔的振动，也许两周后就会引起美国得克萨斯州的一场龙卷风"。"蝴蝶效应"理论说明，初始条件十分微小的变化经过不断放大，对其未来状态会造成极其巨大的差别。
② "破窗效应"由美国斯坦福大学心理学家詹巴斗提出，"如果有人打破一间房子的窗户玻璃，破损的窗户又得不到及时维修，别人就可能受到示范性的纵容去打烂更多的窗户"。

弱势群体，没有话语权，说话没人听，在网上寻求的是"我是主人我做主"的满足感；第二类是谋求具体利益的"水军"，这些人在网上谁给钱就替谁说话，谁给钱多就替谁卖命，一般没有是非观念，有时睁着眼说瞎话；第三类是所谓"公知""名人""意见领袖"，现实生活中小有成就，为了提高知名度，思想普遍比较偏激，其影响力比较大。由于目前我国正处于社会深刻变革和问题矛盾凸显期，贫富差距依然存在，制度仍在完善中，不公平不公正的现象确实存在，加之许多网民是草根阶层，在社会上处于弱势和边缘地位，普遍有"罗宾汉情结"，仇官、仇富、仇权的偏激情绪容易在网上发酵，形成不良的舆论氛围。

第七章 互联网舆论生态建设的目标、原则和措施

习近平总书记强调，全媒体不断发展，出现了全程媒体、全息媒体、全员媒体、全效媒体，信息无处不在、无所不及、无人不用，导致舆论生态、媒体格局、传播方式发生深刻变化，新闻舆论工作面临新的挑战。应对新挑战，我们要科学认识网络传播规律，提高用网、治网水平，依法治网、依法上网，让互联网在法治轨道上健康运行，营造风清气正的网络舆论生态。

一、网络舆论生态建设的主要目标

网络舆论生态建设以舆论引导、监管、应对三个层面为基础，目标非常明确，就是维护国家意识形态安全，形成民众对社会主义理论、制度、道路、价值观念的认同，确保社会大局稳定；正确引导网络舆论，塑造政府良好形象，为提升政府执政能力建设提供舆论环境保障；凝心聚力，发挥好人民群众的主体作用和首创精神，凝聚网络积极力量，构建网上网下"同心圆"，繁荣"积极健康、向上向善"的网络文化。

（一）维护国家意识形态安全

维护国家意识形态安全是网络舆论生态建设的重要使命。意识形态安全问题是国家安全的重要组成部分。习近平总书记对互联网意识形态工作高度重视，他用"心头之患""最大变量"阐明网络意识形态斗争的极端紧迫性；用"主战场""第一位"明确战略定位；用过好"时代关""网络关"指明创新改进的主攻方向。面对打好意识形态主动仗的要求，我们要充分认清其重要性，积极应对、主动作为。

从捍卫"生命线"的高度来认识网络意识形态工作的极端重要性。意识形态是一个政党、一个国家的思想意志和政治制度的根本体现，关系到举什么旗帜、走什么道路、立什么制度等根本政治问题。意识形态工作是党的工作的生命线，我党是无产阶级政党，马克思主义中国化的意识形态体系，规定着我国的政治体制、政权性质、国家制度，指引着我国社会发展方向，牢固树立马克思主义意识形态的主导地位，是我们必须毫不动摇坚守的政治底线。敌对势力把新媒体作为扩散升级社会矛盾的重要渠道，加紧对我国实施"西化""分化"战略，图谋策动"颜色革命"，对民众政治信念的渗透腐蚀不可低估；国内的别有用心分子内外勾结污蔑、恶炒、丑化、抹黑党、政府、军队形象的现象在网上蔓延，对政府公信力的损害不可低估；各种低俗和享乐思想在网上流传放大，对民众的思想道德的侵蚀不可低估；一些政治谣言、传言在微博、微信上"娓娓道来"，极具迷惑性，扰乱民心，对凝聚网络积极力量的干扰破坏作用不可低估。因此，维护国家意识形态安全，事关国家长治久安，事关民族凝聚力和向心力。

从占领思想阵地的高度来打造网上"生命线"。思想阵地，真理不去占领就会杂草丛生；心灵空间，阳光不去播撒就会霉菌疯长。回顾互联网在中国社会飞速发展的前20年，主流媒体在这一斗争领域始终处于被动局面，在重大事件中集体失声、哑声，陷入"本领恐慌"。特别是军队舆论宣传在网络大潮中不仅没完全学会"游泳术"，甚至跟不上时代发展。出于失泄密等安全问题考虑，军队、军人在互联网意识形态喧嚣的战场上成为"沉默的大多数"，将网络话语权拱手相让。相反，美、英等国家穿着伪装马甲的网络战部队"水军"早已勾连各种敌对力量，驰骋在我国的互联网微博、论坛之中。思想上重视才会有行动上的效率，2013年习近平总书记在全国宣传思想工作会议讲话后，主流媒体开始积极向新媒体进军，走媒体融合发展之路，在"全媒体"时代，主流媒体缺席网上意识形态斗争主战场的现状已经基本扭转。

从积极探索战法策略的高度来控制网上"安全阀"。打好意识形态主动仗，就要了解网络舆论生态形成机理，找准关节点，加强网上正面宣传和舆论引导，拿出具体战法和有效策略，在实践中不断提升经验和本领，才能确保打赢。坚持正能量是总要求，管得住是硬道理，完善突发舆情应急处置机制，坚决批驳和抵制抹黑丑化党、国家、制度、政府、军队形象的错误思潮。依法依规治理、净化网络秩序和环境，加强话语体系的建设，提升正能量传播力、影响力。目前，随着国家网信部门依法治网、依法治理意识形态工作的全面展开，网络舆论引导、治理、应对工作也全面推进，尤其是经过国家互联网信息办公室、公安部等相关职能机构的多次联合治理，舆论热点事件传播中的网络戾气得以抑制，"网络名人"发言趋谨慎，发言冲动被遏制，基本回归"十条底线"，网络治理初见成效。媒体微博中的"国家队"影响力递增，收复失地，微信公众号的"国家队"更加呈现专业化素质，在媒介融合大趋势下，传统主流媒体开始全面发力进军互联网新媒体平台。

（二）塑造政府良好形象

政府形象是指政府在公众心目中的形象，就是政府的行政行为表现、性质特征、精神风貌等在社会公众心目中的反映，以及政府在公共行政中体现出来的整体素质、综合能力、施政理念和施政业绩等给公众留下的一种综合印象和看法。这种印象或看法体现了一个政府赢得社会信任、赞誉的程度。良好的政府形象能提升政府的社会公信力，增强人民群众的认同感和信任感，从而提高政府的行政效率与水平，是确保构建和谐社会的软实力。尤其是在非常态的环境之下，公共危机爆发的时刻，良好的政府形象能够使得公众对政府的举措和方案持赞同和认可的态度，在较短的时间内凝聚到政府的号召之下，共同面对危机，为政府处理危机赢得较高的社会支持度。政府形象的塑造一方面需要用法制思维管好人、用好权，另一方面也离不开媒体积极而精心的塑造。

充分认识新媒体时代政府形象塑造面临的挑战。当前新媒体传播环境下，政府形象塑造遭遇挑战，一些政治谣言信息在新媒体平台传播过程中就直接影响了社会公众对政府"客观现实"的认知，社会公众对政府"客观现实"认知的正确程度，直接影响到公众对政府信任的态度。互联网上频频出现恶意炒作公职人员腐败、诋毁政府执政能力、正面报道反面解读、散布恶性政治谣言等丑化政府形象的言论，在传播的过程中潜移默化着公众的认知，社会公众长时期接受着政府负面舆论的轮番轰炸，正面声音得不到弘扬和传播，自然会接受所谓这种现象就是政府的"客观现实"的认知，引发公众对政府公职人员、政府的施政行为的质疑和不理解。例如新冠疫情防控期间对武汉卫健委原副主任刘庆香的恶意谣言中伤，用"贪官、豪宅、逃跑"标签化党员、国家公职人员，在网络谣言的恶性传播过程中损害的是整个党员群体和国家公职人员的形象。倘若这种"仇官"情绪在社会上形成蔓延，势必影响政府社会公信力，造成政府与民众的脱离和对立，势必会影响党的执政根基。

强化网络意识，打牢维护政府良好形象的思想基础。正人先正己，良好的形象首先来自对自身形象的要求和塑造，先塑造好"个人的好样子"，才能塑造出"政府的好样子"。一是政府公职人员要坚守自己的政治信仰，树立网上有敌情的敏感性，用真理力量、实践力量加强思想改造，确保对党始终绝对忠诚。二是纯洁追求，矫正自己的人生取向，去除虚荣，管好自己的"生活圈"、"交往圈"和"娱乐圈"，筑牢拒腐防变的思想防线，不因对外交往而误入歧途，不因生活追求而丧失气节。三是管住自己，守住遵纪守法的人生底线。每一位党员、公职人员都需要以实际行动自觉维护良好形象，个别公职人员形象意识不强，遵纪守法不够，不当的言行举止和违法乱纪自然是引发网络负面舆论的源头。因此，遵纪守法是公职人员的人生底线，加强纪律意识、道德意识的教育，规范网上和网下言行举止，始终牢记自己的身份，自觉维护政府良好形象。

掌握媒介规律，精心塑造政府形象。新媒体时代下，自己不主动塑造自己就会被别人塑造。互联网负面舆论的传播现状告诫我们，在信息传播移动化的浪潮下，主流新闻媒体要进一步提升传播力、引导力、影响力、公信力，加快媒体融合改革步伐，大力宣传党、国家、政府的正面形象，借助全媒体平台占领社交媒体主阵地。要针对网络负面舆论建立健全应对工作机制，制定应对、事件处置和善后协调等多个环节构成的负面舆论突发应急机制。在实时监测和准确研判舆情的基础上，进一步优化舆论引导机制。在发布时间上，尽可能第一时间主动解释，消除噪声，最大限度地降低对政府形象的负面影响，为正面引导舆论创造条件。

（三）凝聚网络积极力量

"舆论共识度"是评估一个社会凝聚度和向心力的重要指标。习近平总书记在党的新闻舆论工作座谈会上强调，切实提高党的新闻舆论传播力、引导力、影响力、公信力，就是要用党的主流媒体占领舆论主战场，形成整个社会的主流价值，打通"两个舆论场"，寻找社会转型期最大的"舆论共识度"。

国家层面的"舆论共识度"不断提升。在一个缺乏共识的社会，人人为我利益心态不断固化，由于缺少社会普遍认同的价值观念和规则体系，必然陷入彼此为敌、内耗不断的丛林法则。近年来，互联网舆论场热闹、活跃与混乱交织，很多本可以讨论的公共话题在网络上演变成为一场骂战，形成情绪对立、言语极端化、非敌即友、非黑即白的舆论混战，理性被偏激驱逐，理性和建设性言论被挤压。这种极端化、尖锐化带来的网络戾气更进一步刺激着社会情绪的对立，社会也会在人心撕裂中变成一盘散沙。国家一直致力于推动"寻找最大公约数"的进程，努力在多元开放社会中寻找底线共识。据人民网舆情监测室对160多个热点舆情评估发现：在国家"依法治国"、"全面从严治党"和"深化改革"等治党治国理念的推动下，"两个舆论场"的交集和共识度有显著增强，例如"司法改革""户籍管理""央企薪酬""打虎拍蝇"等政策措施的改革和实行在社会各界形成高度社会共识。经历了前些年社会诚信系统的跌落，近两年人们开始重拾信心，虽然在一些问题上仍然存在价值判断上的分歧，但是遵守法纪、良知道德成为基本底线的共识开始形成力量，舆论场善意、健康、正面的能量在逐渐增长。网络空间传播的正能量，体现着舆论传播的强大效应。例如，在这次抗击新冠疫情的斗争中，我们看到越来越多的网民自发组织起来，线上线下开展多种形式的志愿爱心服务工作。网民内心深处的正能量，是营造清朗网络空间的强大内生力。

团结大多数网媒和网民，是开展网络舆论斗争的重要基础。一些谣言和恶意炒作之所以在网上有市场，是因为部分网民不加甄别地听信和传播，从负面舆论的形成过程看，由于正面发声的空间被挤压，舆论负能量"意见领袖"的态度意见成为负面舆论形成的关键点，因此要加强与网民的交流，培养正能量"意见领袖"，团结一批思想进步的网民，争取众多网媒、网媒人，特别是当前网络"名博""大 V"的理解和支持，寻找双方共识点，邀请他们参与舆论事件的澄清与引导，赢得更多人尤其是年轻网民的支持和拥护，打压有害信息的生存空间。

二、网络舆论生态建设的基本原则

习近平总书记指出：网络空间天朗气清、生态良好，符合人民利益；网络空间乌烟瘴气、生态恶化，不符合人民利益。网络空间作为亿万民众共同的精神家园，不能成为各种负面新闻和负面情绪的"垃圾场"，这就要求我们要保证网络空间生态良好，健康有序发展，要坚持以党中央和习近平总书记有关重要指示精神和决策部署为指导，按照着眼政治、服务大局，密切协作、形成合力，有效监测、依法管理，尊重规律、策略灵活的原则，始终以先进思想文化作引领，主动作为、凝聚人心、凝聚力量，为实现中国梦营造良好舆论氛围。

（一）着眼政治，服务大局

着眼政治、服务大局是构建网络舆论生态的根本要求。政治稳定是国家发展、人民幸福的基本前提。在网络社会化、社会网络化的今天，网络空间正加速成为意识形态斗争的前沿阵地。利用网络攻击国家政治制度、煽动社会不满情绪、颠覆国家政权等行为严重危害国家安全。因此，没有网络安全就没有国家安全，要不断增强维护网络意识形态安全的政治责任，时刻牢记网上有政治、网上有敌情、网上有陷阱。

牢固树立政治意识，网络安全关乎党和国家政治安全。面对日趋复杂的国际国内环境，在众声喧哗、莫衷一是的舆论场中，舆论传播环境的复杂性、严峻性也日益凸显。网络舆论的引导必须树立坚定的政治立场，始终把维护党和国家政治体制作为主要的目标。要始终站稳政治立场，坚定不移传播党的声音，坚定不移守好舆论宣传主阵地。要善于利用先进的互联网终端载体平台，推动各种媒介资源、生产要素有效整合，推动信息内容、技术应用、平台终端融合融通；善于将党的理论、路线、方针、政策、方略等，以广大网民喜闻乐见的形式报道出来，不断扩大正面传播舆论空间。

牢固树立大局观念，把服从服务党和国家大局作为工作方向。深刻学习贯彻党中央对国际形势做出的重大战略判断、对国家做出的重大战略部署，善于从党和国家、军队大局思考谋划网络舆论引导工作。工作内容要围绕大局，实际工作要执行命令特别坚决，对网上出现的负面舆论要多做减压工作，对争议话题要多做凝聚共识工作，不能就现象说现象，就问题抓问题，支持什么反对什么都要放到国际国内两个大环境下考虑。

（二）密切协作，形成合力

网络舆论生态是整个社会舆论生态的组成部分，进行舆论引导和网络治理需要各方密切协作、形成合力。营造良好网络舆论生态，是主流媒体与其他网络媒体的共同责任和应有担当。

一是发挥主流媒体宣传主渠道作用，增加原创报道，丰富栏目设置，优化表现形式，提升点击量和转载率。我党历来高度重视新闻舆论工作，党的十八大以来，主流新闻媒体在时政报道、主题宣传、典型宣传中展现新气象。媒体融合迈出新步伐，充分运用新技术新应用创新媒体传播方式，努力占领信息传播制高点。但是，主流网络媒体必须在发挥新闻媒体传统功能中焕发新的生命力，好的思想、观念、内容，要通过生动的形式、多样的手段表达出来，要深入思考回答"为什么、干什么、图什么"，认真算好政治账、社会账和经济账。

二是善于运用社会资源开展舆论宣传，充分运用各类平台和资源，努力调动一切积极因素开展社会宣传，不断拓宽信息传播力度、广度和深度，尤其是重大活动和重大事件，如公共卫生事件、抢险救灾、国际舆论斗争等，需多方积极协作释放信息，对正面信息要理直气壮，广泛传播，扩大正面影响，让重大正面信息站上网站首页、客户端首屏，努力把网上主流舆论做强，不断巩固壮大网上主流思想舆论。

三是对负面舆论的监测和管控方面要建立信息资源共享、联动处置机制，积极争取国家和地方有关部门支持，及时分析研判，有效协同应对，决不给有害信息提供传播渠道，决不让负面舆论滋长蔓延。互联网治理是一项复杂繁重的工作，要求我们必须走一条齐抓共管、良性互动的新路子，按照媒体深度融合发展的思路，在相关部门和网络媒体间，建立起更加密切的协调协作关系。

（三）有效监测，依法管理

网上舆情监测是及时发现和掌握舆情动态的重要手段，舆情监测部门对网上攻击党和国家根本制度、贬损政府形象、炒作重大舆论事件、破坏社会团结稳定、挑拨社会矛盾关系等负面信息，要及时发现、准确研判，切实掌握舆情动态，协调地方公安网监部门采取果断措施，严密封堵，坚决删除，及时消除负面影响。《中华人民共和国网络安全法》第五章第五十一条明文规定：国家建立网络安全监测预警和信息通报制度。国家网信部门统筹协调有关部门加强网络安全信息收集、分析和通报工作，按照规定统一发布网络安全监测预警信息。

注重利用法律武器维护网络秩序。党的十八大以来，国家相继出台了指导国家网络安全工作的相关纲领性文件法规，如互联网领域《中华人民共和国网络安全法》、《国家网络空间安全战略》及"微信十条"、"账号十条"、"约谈十条"等相关司法解释。对一些为经济利益和个人出名而进行网络舆论炒作的行为，依据国家相关法律，协同和督促地方执法部门依法查处；对危害国家安全的恶性事件要给予刑事追究。这些法规文件，都是我们利用法律武器依法治网、依法办网、依法上网，维护网络秩序的基本依据，任何组织和个人必须遵守法律底线，在网络空间行使权利的同时，对自己在网络上的言行负责。

（四）尊重规律，策略灵活

网络舆论生态的形成有其规律，网络舆论生态的形成规律是进行舆论引导和治理的依据，根据规律建立网络舆论预警机制、引导机制、监管机制、培养机制,才能在网络舆论危机出现时有的放矢,做好积极准备。

树立守土有责的"阵地"意识,积极主动占领网络宣传阵地。要深入了解群众所思所愿,积极回应网民关切,与网民之间形成良好互动。对网上涉及的重大事件,积极引导主动解决,弘扬正能量;对模糊认识、怨气怨言要及时发现,澄清真相,及时化解;对网上恶意炒作重大突发事件、敏感军事行动,甚至造谣污蔑的消极言论,要组织专家学者、网评员队伍、媒体记者等多种力量,通过发布新闻、发帖跟帖、刊发评论等方式,据理驳斥,坚决回击,理直气壮地表明观点,开展舆论斗争。总之,不仅要掌握网络舆论形成的交互性、突发性的特点,还要区别不同情况,采取灵活的策略。要选择有效方法,善用传播技巧,讲究传播艺术,事事争取主动。需要及时回应的,要准确发声;需要先声夺人的,要精心设置议题;需要批驳澄清的,要理直气壮开展斗争;需要淡化降温的,要正面舒缓引导。坚持用数据说话,用当事人说话,用网络语言说话,切实增强舆论引导的说服有效性。

三、网络舆论生态建设的主要措施

互联网上信息良莠不齐,容易造成人们的心理认知混乱,误导价值观念,甚至激化社会矛盾,影响社会的稳定和谐。因此必须按照规律,采取切实有效的措施,努力构建出健康有序的网络舆论生态。

(一)优化网络舆论引导环境

环境建设是网络舆论引导的外部条件,技术提升、法规完善、平台搭建、公信力建设都是影响网络舆论引导效果的重要因素,需要不断创新和优化来适应发展需要。

打造网络舆论引导的配套设施。技术基础和媒介配合是优化网络舆论引导环境的两个重要条件。一是要紧跟网络传播技术的潮流，创新网络舆论引导的手段和方法。技术的落后会导致媒体竞争力降低，导致在话语权竞争中丧失优势地位。因此，必须敏锐发现传播领域技术发展趋势，把创新舆论引导中的技术手段与内容优化同步进行，从技术手段上占据前沿阵地，真正做强网络媒体，才能提升网络舆论引导的效果。二是要加强媒介之间的融合，促进主流媒体与自媒体之间的交流沟通。在主流媒体全面进入新媒体时代，并不是主流媒体的新媒体平台将取代公众自媒体平台一言独大，而是在身份上保持各自的特性，但是在目标和行动上寻求共识，趋向一致，实现良性互动，和谐发展。

建立健全网络舆论法律法规。建立健全网络舆论法律法规体系是优化网络舆论引导环境的基础。习近平总书记强调，网络空间不是"法外之地"，要坚持依法治网、依法办网、依法上网，让互联网在法治轨道上健康运行。一是加快互联网立法体系建设。自 2014 年 2 月中央网络安全和信息化委员会成立以来，我国开始朝着统筹协调、顶层设计、全面依法治网的方向有序发展。2016 年以来，《中华人民共和国网络安全法》《国家网络空间安全战略》《国家信息化发展战略纲要》《网络信息内容生态治理规定》相继出台，成为指导国家网络安全和网络舆论生态建设的纲领性文件。二是提升互联网行业的规范和自律，推动互联网行业行政法规立法，明确监管职责。例如，中国首个网络空间领域的全国性社会团体"中国网络安全协会"成立后，对加强互联网行业自律、促进行业健康发展、维护我国网络安全将发挥积极作用。三是加快对信息管控立法，有效解决治理过程中职责交叉区、监管真空区等问题。综合运用法律手段、技术手段和管理手段，对网站、微博、微信、论坛、App 等网络传播平台，从源头上加强管理。畅通网络举报受理渠道，推动建立对有害信息群防群治的社会监督治理体系和机制,加大对网络谣言制造和传播的惩处力度,有效震慑造谣者和传谣者,使舆论监管处置有章可循、有法可依。

推进媒体深度融合发展。从 2014 年《关于推动传统媒体和新兴媒体融合发展的指导意见》通过审议,媒体融合上升为国家战略开始,媒体融合从"推动传统媒体和新兴媒体融合发展",到"构建全媒体传播格局",再到"推进媒体深度融合发展"。2020 年党的十九届五中全会又将"媒体深度融合"写入了《中共中央关于制定国民经济和社会发展第十四个五年规划和二〇三五年远景目标的建议》中,这不但充分体现出我国持续推进媒体深度融合的强大信心,也有效地驱动了媒体融合进入提质增效、纵深发展的阶段。当前,媒体融合已从各个媒体机构"单打独斗""各自为战"的初期探索,迈向全面建设现代传播体系的全新阶段。主流媒体的互联网化将全面推进并形成新型主流媒体平台,通过中央媒体、省级媒体、市级媒体和县级融媒体中心四级融合的发展布局,形成横向联动和纵向融合的发展态势,与人民群众的联系更加广泛而深入,其自身功能将更加丰富,外在形态也将更加完整。随着技术发展,行业间的边界日益模糊,跨界融合成为近年来传媒业转型创新、提升经济效益和放大一体效能的方向。主流媒体要充分利用自身资源优势,不断向文化产业、教育服务等领域拓展,实现"媒体 + 服务""媒体 + 政务""媒体 + 商务"等功能的延伸。

重视社会公信力建设。社会公信力是指公民对国家机关或公共服务部门在处理社会公共事务和社会政策实施中所具备的为社会公众所认同和信任的影响能力。[1]在社会生活中,如果公共权力组织赢得公众的信任,就能赢得执行力的巨大释放。目前,网络已经成为社会公众对公共

---

[1] 奚洁人主编:《科学发展观百科辞典》,上海辞书出版社 2007 年版,第 179 页。

权力进行监督、施加影响的重要途径，尤其一些与公众切身利益密切相关的恶性事件在网上曝光后，不断挑战着民众道德底线。在屡查屡犯、屡禁不止的恶性循环下，公众心底蔓延着对政府社会公信力的怀疑，使人们不知道应该相信谁。如果社会公信度受到蔑视、践踏和挑战，人们无法找到现实生活中的道德支撑，那么无论个人如何努力都逃脱不了整个社会的熏染，社会的道德沦丧必然会引起舆论引导大环境的恶化。因此，主流媒体舆论引导力的提升，离不开整个社会公信力的提升。

（二）健全网络舆论监管机制

网络舆论生态的建设是建立在对舆论信息传播进行全程掌控的基础上的。在信息的生产、传播、消解过程中，任何一个环节出现监管缺位，都会影响舆论生态的良性发展。因此，必须建立健全网络舆论的全程监管机制，从建立网络舆论的领导机制、健全网络舆论的预警机制、强化网络舆论的信用机制入手，确保网络舆论生态的健康有序发展。

1.建立网络舆论的领导机制

建立网络舆论领导机制，是建设健康有序网络生态环境的首要步骤。要把当下网络意识形态斗争当作一场战役来打，就必须要有统一的组织领导机构，进行战略规划、形成斗争策略，打一场多种手段并举、社会各方广泛参与的"联合战役"。

一是建立统帅部，加强集中统一领导。早在 2014 年 2 月，中央就已成立了网络安全和信息化领导小组，2018 年 3 月改为中央网络安全和信息化委员会，同时，《中华人民共和国反恐怖主义法》第一次将网信工作写入法律。但在实际工作中，网络舆论监督先发展后治理、以管理代治理、多头管理等现象在个别领域仍旧存在，必须通过建立结构功能明晰的法律体系来解决网络管理的"部门化"倾向。应由网络行业管理部门牵头，形成网络舆论内容管理部门与打击网络违法犯罪部门互相配合、分工协作、形成合力的监管体系，统领各地区各领域分级管理和属地管理，以更好地发挥政府在监管网络舆论中的重要作用。

二是制定战略，搞好顶层设计。打好意识形态主动仗，就要明确目标、战略方向、实施步骤，每一步要达到怎样的要求，都需要规划，因此必须搞好顶层设计。自2014年2月中央网络安全和信息化领导小组成立以来，我国开始朝着统筹协调、顶层设计、全面依法治网的方向有序发展。

在媒体建设方面，国家已将移动网络平台为代表的新媒体建设提升到国家战略层次，新阶段的媒体融合将以新型主流媒体建设为中心，以构建国家治理体系与治理能力现代化的全媒体传播体系为根本任务，不断实现媒体功能延展与社会共享共治。

在人才队伍建设方面，引进打造专业人才队伍，开展相关研究和力量部署，以移动网媒为抓手建立舆论引导专家和骨干团队，形成网络舆论应对和引导的新媒体智库机制，尤其在中美从经贸摩擦走向全面博弈的大背景下，办好人才的事情，提升技术引领实力，回应人民的期待，应对全球的竞争与挑战，亟待建设一支高质量全媒体人才队伍。

在舆论监测方面，掌握舆论传播新模式，建立跨越新旧多媒体平台的综合舆情监测系统。未来，随着大数据挖掘技术的发展，舆情监测系统或可通过技术手段，整合线上、线下资源，实现网络舆情分析与线下民意调研的结合，从根本上提高研判准确性，走出"纸上谈兵"的尴尬。而伴随着大数据时代所带来的数据交流与数据共享，立足于全互联网大数据的民意调查智库或将应运而生。大数据运营商、媒体、舆情研究机构、调查机构都会被纳入新的民意调查机制，助推政府公共治理的现代化。

在网络技术发展方面，配合国家产业发展战略，加快媒体智能化和平台化建设，通过技术加持和资源汇聚，实现自身发展的集聚效应，前瞻预判移动网媒后续发展焦点，紧跟互动媒体技术、软件应用开发等移动网媒发展趋势，相时而动抢占发展先机。

在舆论的治理方面，关键要抓好"依法办网、依法上网、依法管网"三个环节：提高办网的准入门槛；落实上网实名制；推进合作治理，明确政府、企业、网民三者权责关系，相互协作，共同治理网络舆论场违法乱象。

2. 建设网络舆论的预警机制

网络舆论预警系统的建立属于舆论生态物质技术环境建设。包括物质方面的保障，如人力、资金等；技术方面的保障，如计算机硬件系统及配套软件。物质和技术的保障是提高网络舆论监管效果的必然条件。预警系统对于舆论的管理者而言，其主要功能在于提高管理者行为决策的理性程度，有利于管理者通过平台分析数据，调整对网络舆论信息的认识和判断，为可能引起舆论变化的方向重新分配引导力量和管理力度。

一方面，可以尽早尽快发现和上报热点舆情事件。舆情发现得越早，处置的阻力越小，回旋的空间越大，引导的效果就越好。舆情监测部门的职责是在第一时间发现并上报舆情。必须采用专业舆情分析师与专业舆情监测软件相结合的办法，尽可能及时发现负面舆情。为了尽快发现负面舆情，还需注意在采集舆情时建立舆情来源数据库，通过统计历年各地舆情出现的频率，梳理出采集优先顺序。①

另一方面，必须不断创新网络舆情预警的科技手段。互联网技术发展日新月异，实施网络舆论预警，需要建立在高效的信息搜集、整理、研判、反馈的技术基础之上。因此，预警技术也要随着网络技术的发展

---

① 张锋：《网络涉军舆论引导专业化建设》，《军事记者》2015年第5期，第7页。

而不断涉足新领域，任务量的庞大以及时间的紧迫性要求预警手段更要技高一筹。例如香港"修例风波"和中美贸易摩擦，对这些重大事件的引导离不开智能化网络监测技术的普及和运用。未来，网络舆情预警监测机制将会得到进一步完善，智能化管理设备促使网络监测机制由人工化转向自动化。在智能化技术的推动下，主流媒体的阵地意识将会得到有效提升，网络舆情预警监测机制将会更加精准高效。

3. 强化网络舆论信用机制

网络言论自由，不等于网络成为法外之地。无论是在网络上的言语还是网络下的行为，都要敬畏道德良知、遵守国家法律法规。国家在推进社会信用体系建设中，需要大力推进网络信用监管机制建设，完善网络信用建设的法律保障。

一是建立网络信用黑名单制度。网络信用黑名单制度能够对网络企业和个人的行为产生一定约束力。对在网上造谣传谣、侵害他人合法权益、实施网络欺诈等严重网络失信行为的互联网企业和个人进行公开曝光，并通报相关部门对列入黑名单的主体采取网上行为限制、行业禁入等措施；对在网上假冒政府机构、新闻媒体、军队及他人名义注册微博账号的，一经发现，立即依法查处。事实证明，只要监管更加严格到位、法制更加健全配套、网站更加自律尽责、信息更加透明公开、网民更加理性成熟，负面信息、网上乱象的生存空间就会越来越小。

二是健全不良信息的举报制度。只有动员全社会的力量，充分发挥广大网民的积极性和主动性，健全不良信息的举报制度，才能提高网络舆情引导效果，才能使不良信息无处藏身。首先，加大宣传力度，提高网民举报意识。不仅仅是网监部门和网站有监管、举报网络不良信息的责任，每个网民也有义务担当起举报不良信息的社会责任。其次，制定完善的奖惩机制，对于积极举报不良信息的网民及网站进行必要的精神奖励和物质奖励。要实施一系列政策制度，使网络举报成为一个重要的举报网络不良信息的平台和窗口。目前，国家层面的"网络举报"手机客户端 App 已建成，腾讯网在微信中也增设了"投诉"标签，国内主要网站主页显著位置也有举报入口醒目图标，这些平台的搭建，成为一个重要的举报网络不良信息的平台和窗口。中央网信办举报中心发布的数据显示，2020 年，全国各级网络举报部门受理举报 1.63 亿件，较 2019 年同期增长 17.4%。①可以看到，全国各主要网站不断畅通举报渠道、受理处置网民举报，网民举报有害信息热情持续高涨。

三是坚决取缔反动网站。既然网络乱象长期、广泛存在，就要提高违法者接受制裁的概率，提高违法成本，增强网络监管的威慑力。对网络舆论监督中发现的违规、违法行为应做到有诉必应，不姑息、不迁就、零容忍。对于发表不当言论和信息的网站负责人，要依法追究其相应的行政责任和刑事责任；对网络监管机构和工作人员疏于监管、引起重大事故、造成重大影响和严重损失的，应依照法律分别追究其相关责任。另外，要严厉打击各种网络谣言制造者及传播谣言的运营机构，以净化网络空间，促进社会和谐发展。例如，2020 年上半年，各地网信部门深入贯彻落实《网络信息内容生态治理规定》，依据《互联网新闻信息服务管理规定》等相关法律法规，持续加大网络生态治理力度，依法打击网上各类违法违规行为，清朗网络空间，取得阶段性成效。②

---

① 中国互联网络信息中心：第 47 次《中国互联网络发展状况统计报告》。http://www.cac. gov.cn/ 2021-02/03/c_1613923423079314.htm。

② 中国网信网综合：《各地网信部门上半年持续强化网络生态治理——严查一批问题网站平台　封禁一批违规账号》。http://www.cac.gov.cn/2020-08/17/c_1599229324109800.htm。

（三）完善网络负面舆论应对策略

网络空间意识形态斗争是一场"没有硝烟的战争"。敌对势力别有用心地通过制造和利用各种网络事件，操控着民众的舆论归属，其手段无所不及。面对严峻形势的挑战，我们必须采取灵活多样的应对策略，选择有效方法，善用传播技巧，讲究传播艺术，变被动为主动，切实提高网络舆论的应对和斗争能力。

1. 确定主攻方向，严密监控，重点打击

在国际舆论场展开的中西方舆论较量中，敌对势力对我国进行网络攻击有非常明确的目标和步骤。例如，美国中央情报局提出所谓的"猎鹰计划"，即在互联网上对具有一定战略思维影响力的军队学者实施网络围攻。所以我们看到网上斗争的现实情况是，凡是军队有一定影响力的知名学者只要上网必受到网络围攻，他们的攻击方向和目标非常明确。因此，我们不能被动挨打，也要有明确的主攻方向，要集中兵力打歼灭战。对于在互联网上长期攻击军队、攻击体制的人，调查其真实背景，分析其动机和原因。通过舆情分析，整理其反动言论，收集证据，先进行落地查人、私下警告，必要时公布其反动言论，按图索骥。对涉及敌我意识形态斗争的，要果断处置、找准方向、严密监控、重点打击，及时封堵负面信息；对属于人民内部矛盾的问题，如军民纠纷、官兵违法、个别退役人员涉及自身利益的诉求，要以疏为主、适度反应，严防别有用心的人借机炒作，损害军队形象，影响军民团结。

2. 组建专业技术骨干队伍，成立网络"红军"

西方敌对势力在我国国内物色利益代言人，不仅联系一批"公知""大V"，还组织极端反共分子进入网络舆论场，通过建立网站、雇用网络写手、组织穿着马甲的"水军"驰骋在微博、微信、论坛上，大肆进行不利于我国的议题设置，挑起网络意识形态争议，致使各种危害国家安全的信息大量充斥新媒体平台。因此，我们要变被动防御为积极防御，要组织自己的力量，凝聚各层面积极力量，打一场人民战争。

一是塑造自己的"意见领袖"、网络"大 V"。按照党性、职业敏感性和专业性相统一的要求，挑选有良好的形象，基本没有道德污点，有较好的影响力和亲和力，有一定的语言文字表达能力，有坚韧不拔的抗压能力的专家、学者为核心，开设个人微博、公众号。例如清博指数[①]微信榜单显示，微信公众号"观察者网"在 2021 年 2 月 18 日 WCI[②]数值为 1928.93，排名第 1 位，而且长期霸屏第 1 位，其特约观察员有李世默、张维为、寒竹等知名专家学者。

二是以专家为核心，培养专家支撑团队。组建一支政治可靠、知识丰富、数量充足并熟悉网络的军队网评员队伍，再依托网评员队伍进一步发展自己的"水军"——网络"红军"，业内称"自干五"（自带干粮五毛党）。例如教育部、共青团中央在《关于进一步加强高等学校校园网络管理工作的意见》中指出，要组建一支政治可靠、知识丰富、数量充足并熟悉网络语言特点和规律的网评员队伍，围绕热点问题主动撰写帖文，吸引学生点击和跟帖，有效引导网上舆论，唱响网络舆论主旋律。目前，网评员队伍经过多次网络舆论引导的实战，在论坛、微信、微博上化解舆论危机，取得一定成效。但是，也暴露出一些问题，如话题切入死板、网络语言生硬、个别情况舆情分析不

---

① 清博指数，由北京清博大数据科技有限公司开发，是国内目前权威的新媒体数据挖掘分析平台。
② WCI 指数即微信传播指数，是将总阅读数、总点赞数、平均阅读数、平均点赞数、最高阅读数、最高点赞数、点赞率等指标综合评估后得到的数值。

准等问题，因此要加大网评员的培训力度，提高网评员捕捉舆情信息、分析不良舆情趋势的能力。

三是要形成规模和梯队。要形成能够挤压负面舆论空间的局面，就必须形成一定的规模。各高校应该利用优势资源，成为网络舆论战骨干培训基地，使每一位在校学习的学生都能树立网络舆论战意识，掌握网络舆论战的基本方法，不断扩大网络"红军"的规模。目前各种职能部门应该摒弃怕"摊事儿"的消极不作为心态，在信息传播中主动作为，及时审慎发出权威声音，抢占舆论斗争先机。

3. 注重战法、策略的研究应用

作为指导战争的战略战术，就是战争大海里的游泳术，战争指导者必须尊重指导战争的战略战术，认真进行战法、策略研究。

一是要用技术手段删帖、屏蔽、置顶、沉底。在网帖的删除方面，对党员干部造谣、污蔑及对政府形象造成恶劣影响的网帖，国家网信办明确了删帖程序；在网帖的置顶和沉底方面，需要掌握好最佳时间。例如在微博上发帖最好是 8∶30 和 20∶30，号召自己的团队在这一时间统一出来抢板凳，占领微博前三页页面，从经验角度看，这一做法作用明显，因为正常情况下翻看微博页面前三页概率较高，而后面的内容大多数人没有耐心再去翻看。

二是用动漫、多媒体等大众喜闻乐见的手段扩大影响面。网络有网络的语言，在步入信息网络时代的今天，如果只是打官腔，写八股、唱高调，很难达到宣传效果；如果只是简单地发通知、下禁令，更难免会遭遇吐槽。目前，主流媒体的微信公众号、新闻客户端开设的内容基本都做到了图文并茂，轻松诙谐，需要进一步思考的是如何扩大主流媒体实行媒介融合，华丽转身后进一步扩大传播力、影响力的问题，通俗地说就是如何让网民愿意关注。有需求才会去关注，微信公众号"上海发布"的经验可以借鉴。"上海发布"长时期占据政务类微信公众号排行榜前三名，经验之一就是把与百姓生活相关的信息都及时权威地发布在平台上，这个经验也可以启示我们在做好"内容为王"的情况下，增强平台的应用型功能，提升其服务价值，增强实用性。

三是用心设置议题和设计标题。要善于设置和组织议题，想让网民讨论什么，要做到心中有数，议题设置虽然不能直接告诉网民怎样去想，却可以告诉网民最近要想些什么。运用多种方法形成视觉强势、话语强势引导舆论走向。另外，要抓住网民的关注去设计标题，设计标题不等于去做"标题党"。新媒体给新闻带来的一个重要变化就是要契合受众阅读时间、阅读习惯，一般内容短小，甚至叫"一句话新闻"，这需要用很短的文字把你想表达的内容表达出来。《人民日报》曾批评网易"标题党"，指其为博眼球而夸张表达，这种行为要给予警示教育。但是从技术演化的方向来看，整个文章的说法标题化已成为一个不可避免的趋势，"标题党"和标题化不是一个层面的概念，要加以区分。

四是加强对广大网民的培育工作。相对于少数的网络技术人员和管理人员，亿万网民才是网络空间的真正主体；网民素质的高低，从根本上决定着网络文化健康状况的好坏。如若没有遵规守纪、崇法尚德的网民，也就不会有和谐有序、风清气正的网络空间。所以说，治理好网络意识形态，创造出积极健康的网络文化，不仅需要网络专业人才队伍的支撑，还需要广大普通网民的参与。这就要求我们要加强对广大普通网民的教育工作，一方面普及网络基本知识教育，增强其信息甄别和批判能力，同时也要普及网络道德和法治知识，使广大网民能够自觉遵守网络道德规范和法律法规。

结 语

　　信息技术的发展，推动着网络舆论传播方式、手段不断创新。网络在日常生活和社会发展中的重要性越来越突出，尤其是移动互联网的发展，已经使网络成为人们须臾不可或缺的工具。网络空间的发展促使社会生活发生了方方面面的变化，对人们的思想方式和价值观念都产生了巨大影响，网络虚拟空间形成了新的网络社会与网络生态。网络已改变了中国社会中的舆论格局，网络舆论生态治理也越来越成为治国理政的重要领域与影响变量。

　　网络舆论生态的形成离不开时代大背景和社会整体环境，其发展关系着党和政府形象塑造和社会公信力的提升，是国家软实力建设的重要组成部分。网络舆论的引导、监管、应对是一项政治性、理论性、指向性、创新性很强的实践活动，既需要进行深度的理论挖掘，同时又需要结合现实问题探寻具体对策。因此，网络舆论生态建设主要从四方面入手：网络舆论引导环境优化、网络舆论监管机制建设、网络舆论应对策略研究、网络舆论主体道德素养培育。

　　网络舆论问题实际上是现实社会问题的反映，因此社会环境优化是解决网络舆论困境的根源。环境建设既需要宏观上社会管理方式的完善、社会公共权力机构公信力的提高；也需要中观上建立健全网络舆论的法律法规，使网络舆论的监管有章可循；还需要微观上创新和打造主流新媒体网络平台，提升主流媒体媒介融合质量，确保主流媒体的主导地位，提高主流媒体的权威性与公信力。

网络舆论监管机制建设既包含网络舆论监管的领导机制，进行战略规划、顶层设计，也包含预警、应对、反馈的预警和信用机制，机制建设有利于网络舆论引导和治理工作的长期、稳定与规范。

网络舆论应对策略，虽然是战术层面的实践，却是"真刀真枪"的网络实战，是一项复杂的系统性工程，极具艺术性和策略性，而且还需要结合现实问题和传播方式的变化不断创新，这也是检验网络舆论引导和斗争效果的"试金石"。

网络舆论主体的道德素养建设包括：从普通网民个体角度出发的理性判断能力，从行业角度出发的网络媒体道德自律建设，以及从社会角度出发的社会责任伦理建设。鉴于青年群体既是社会网民群体的组成部分，又是网络使用族群的主体，对广大青年开展媒体素养教育，适应新媒体时代舆论传播特点和规律，是提高网络舆论引导和斗争实效性最根本的途径。

网络舆论生态建设需要做到在社会建设和社会管理的实践中与时俱进，融会贯通社会转型期的现实国情与网络传播的基本规律，规范和强化网络舆论各项机制建设，在尊重差异、多样、分歧的基础上，不断寻求共识、拓展共识、增进共识，最终服务于塑造党和政府良好形象，凝聚网络积极力量，为实现强国梦提供舆论支持。

参考文献

［1］ 陈力丹 . 舆论学［M］. 北京：中国广播电视出版社，1999.

［2］ 廖永亮 . 舆论调控学［M］. 北京：新华出版社，2003.

［3］ 刘建明 . 基础舆论学［M］. 北京：中国人民大学出版社，1998.

［4］ 刘建明 . 宣传舆论学大辞典［M］. 北京：经济日报出版社，1992.

［5］ 艾利艾咨询，中国传媒大学网络舆情研究所 . 网络舆情及突发公共事件危机管理典型案例［M］. 北京：中共中央党校出版社，2014.

［6］ 中共中央宣传部舆情信息局，天津社会科学院舆情研究所 . 舆情信息汇集分析机制研究［M］. 北京：学习出版社，2008.

［7］ 中共中央宣传部舆情信息局 . 舆情信息工作概论［M］. 北京：学习出版社，2008.

［8］ 马冰星 . 网络舆论引导研究［D］. 北京：北京交通大学，2012.

［9］ 周涛 . 网络舆论环境下的高校思想政治教育研究［D］. 成都：西南财经大学，2011.

［10］ 聂智 . 论虚拟社会治理中思想政治教育功能的发挥［D］. 长沙：中南大学，2013.

［11］ 凌烨丽 . 高校思想政治教育生态论［D］. 南京：南京师范大学，2012.

［12］ 曹银忠 . 大学生网民群体研究［D］. 成都：电子科技大学，2012.

［13］ 理查德·斯皮内洛 . 铁笼，还是乌托邦：网络空间的道德与法律［M］. 李伦，等译 . 北京：北京大学出版社，2007：32.

［14］ 大卫·伊斯利，乔恩·克莱因伯格 . 网络、群体与市场——揭示高度互联世界的行为原理与效应机制［M］. 李晓明，王卫红，杨韫利，译 . 北京：清华大学出版社，2011：7.

［15］ 陈秉公 . 思想政治教育学原理［M］. 沈阳：辽宁人民出版社，2001：33.

［16］马克思恩格斯选集（第1—4卷）［M］.北京：人民出版社，1995.

［17］胡蕊.网络表达：众意与民意［M］.北京：北京理工大学出版社，2014.

［18］刘建华.塞博空间的舆论行为——校园网络舆论的形成机制及其思想政治教育研究
［M］.北京：中国政法大学出版社，2011.

［19］李明德.微博舆情：传播·治理·引导［M］.北京：中国社会科学出版社，2014.

［20］喻国明.微博：一种新传播形态的考察影响力模型和社会性应用［M］.北京：人民日
报出版社，2011.

［21］郭明飞.网络发展与我国意识形态安全［M］.北京：中国社会科学出版社，2009.

［22］匡文波.新媒体舆论：模型、实证、热点及展望［M］.北京：中国人民大学出版社，
2014.

［23］曹茹，王秋菊.心理学视野中的网络舆论引导研究［M］.北京：人民出版社，2013.

［24］郝晓伟.网络舆情监测理论与实践［M］.北京：国家行政学院出版社，2015.

［25］曹林.远离极端化凝聚可贵的网络共识［N］.中国青年报，2015-04-21（2）.

［26］高红玲.网络舆情与社会的稳定［M］.北京：新华出版社，2011.

［27］李志刚.我们的防火墙：网络时代的表达与监管［M］.桂林：广西师范大学出版社，
2009.

［28］刘上洋.中外应对网络舆情100例［M］.南昌：百花洲文艺出版社，2012.

［29］人民网舆情监测室.如何应对网络舆情——网络舆情分析师手册［M］.北京：新华出
版社，2011.

［30］丁柏铨.新闻舆论引导论［M］.北京：中国社会科学出版社，2001.

［31］丁俊杰，张树庭.网络舆情及突发公共事件危机管理经典案例［M］.北京：中共中央
党校出版社，2010.

［32］王涛.把媒介素养的培养放在重要位置［N］.中国国防报，2011-05-02（4）.

［33］王洪续.中国军人媒介素养［M］.北京：长征出版社，2015.